VOLL DIE BLAMAGE

FÜR JEDEN EINZELNEN MENSCHEN,
DER DIESES BUCH EIN BISSCHEN
DICKER GEMACHT HAT. DANKE!

TILL BURGWÄCHTER

VOLL DIE BLAMAGE

PROMIS, POLITIKER, PHANTASTEN, PRIVATMENSCHEN UND ANDERE PRIMATEN: EIN SAMMELSURIUM UNGLAUBLICHER PEINLICHKEITEN ZUM KOPFSCHÜTTELN UND FREMDSCHÄMEN

MIT ILLUSTRATIONEN VON JANA MOSKITO

SCHWARZKOPF & SCHWARZKOPF

INHALT

VORWORT

Blamage, was für ein wunderschönes Wort. Schon der Klang deutet auf die Bedeutung hin. Die erste Silbe wird noch mit einer gewissen Aggressivität gesprochen, für die anderen beiden bleibt nicht viel mehr als Verachtung übrig. Blamage, ein Ausdruck, der sich wie Klärschlamm über die Zunge rollt und auf den Boden patscht. Das Wort »Blamage« ist eine deutsche Schöpfung, die sich an den französischen Ausdruck »blâmer« (»tadeln) anlehnt, was sich wiederum vom lateinischen »blasphemare« für »schmähen« oder »lästern« ableitet. In Deutschland ist der Ausdruck seit dem 17. Jahrhundert gebräuchlich. Das Adjektiv »blamabel« bürgerte sich erst gut 200 Jahre später ein, es ist also ein Kind der Neuzeit. Und was sich die Menschheit nicht für blamable Dinge leistet. Offensichtlich haben Promis und Privatmenschen den ganzen Tag nichts Besseres zu tun, als mit Anlauf in das nächste verfügbare Fettnäpfchen zu hüpfen. Wer trotz aller gegenteiligen Beweise immer noch glaubt, der Mensch sei die Krone der Schöpfung, wird nach der Lektüre dieses Buches jedenfalls endgültig den Glauben an seine Spezies verlieren. Sportler, Politiker, Journalisten, Internet-Benutzer, Ganoven, Tierhalter, Verliebte, Künstler und selbst ernannte Zauberer jeglichen Alters und Geschlechts bemühen sich mit großem Erfolg darum, die Liste der Peinlichkeiten immer länger werden zu lassen. Dieses Buch sammelt die schönsten Fehltritte, spürt unbekannte Peinlichkeiten auf und rückt fast vergessene Blamagen ins Licht der Öffentlichkeit. Denn nur da machen sie so richtig Spaß.

Wenn zum Beispiel Janet Jackson im Fernsehen ihre Brust entblößt und damit eine Bankangestellte in Tennessee fast in den Herzinfarkt treibt, Ozzy Osbourne seinem deutschen Plattenfirmenboss mittels Stechschritt und Pinkelattacke klarmacht, was er von ihm hält, die US-Politikerin Sarah »Pitbull mit Lippenstift« Palin der festen Überzeugung ist, Afghanistan wäre ein Nachbarland der USA, der unvergleichliche Philosoph Lothar Matthäus ein »Wäre, wäre, Fahrradkette« über den Sender jagt, Großbritanniens First Lady Theresa May zu ABBAs Welthit *Dancing Queen* in aller Öffentlichkeit die Gelenke quietschen lässt oder Schauspieler Danny DeVito zu einem TV-Interview im Frühstücksfernsehen hackedicht aufläuft, dem verdammten Zitronenlikör dafür die Schuld gibt und anschließend stolz verkündet, er sei eine Niete im Bett, dann ist das Wort Blamage nicht nur angebracht, sondern zwingend notwendig.

Doch wollen wir nicht so tun, als wären Prominente die einzigen Menschen, die sich allen möglichen Peinlichkeiten hingeben können. Der kleine Mann von der Straße samt seiner Frau ist in dieser Disziplin mindestens genauso begabt. Es braucht nur etwas mehr Glück, sie bei ihren Fehltritten zu erwischen. So wie ein Bankräuber in Malta, der ein Geldinstitut überfiel und sich das Geld nicht in praktischen Tüten überreichen ließ, sondern die Scheine in seine Manteltasche stopfte. Einmal um die Welt, und die Taschen voller Geld, dachte sich der Kollege wahrscheinlich und ging nach dem Überfall fröhlich pfeifend zur nächsten Bushaltestelle, wo ihn ein Streifenpolizist fragte, warum ihm denn die Hunderter nur so aus den Taschen flatterten. Klarer Fall von blamabel. Andere wiederum legen es ganz bewusst darauf an, von der Öffentlichkeit ausgelacht zu werden. Vertreter von Verschwörungstheorien sind allerdings der festen Überzeugung, im Recht zu sein. So wie die Anhänger der »Paul is dead«-Theorie, die besagt, dass der Beatles-Frontmann Paul McCartney an einem Frühlingsmorgen des Jahres 1966 (andere sprechen von 1969) bei einem Autounfall gestorben sei und seitdem von einem Doppelgänger vertreten wird. Die anderen Beatles wollten das immer wieder an die Öffentlichkeit bringen, wurden aber von korrupten Managern, Plattenfirmenbossen und möglicherweise Außerirdischen am Plaudern gehindert. Diese Theorie ist nur eine von vielen wirren Thesen, die seit Jahrzehnten um unseren Erdball kreisen. Und obwohl zigfach und nachhaltig widerlegt, finden sich immer noch Anhänger dafür. Irgendwie ziemlich peinlich. Oder wie wäre es mit den Mitmenschen, die sich gerne Tinte unter die Haut jagen lassen, die mit einem einfachen Radiergummi nicht zu entfernen ist. Seit Tattoos einen regelrechten Boom erleben, steigt die Fremdschämrate in unermessliche Höhen. Gerne genommen sind Rechtschreibfehler wie beim mittlerweile legendären »Jon Bovi«-Tattoo, mit dem sich sein Träger lebenslang zum Horst macht und seine Freundin in den Wahnsinn treibt. Aber auch der Glatzkopf, der sich »Deutschand« quer über den Rücken stechen ließ, muss mit dem Spott der anderen leben.

Selbst ernannte Visionäre sind ebenfalls ein gefundenes Fressen für Blamage-Befürworter. So ging der Erfinder des Segways zu Beginn des Jahrtausends mit der Maßgabe an den Start, sein Gefährt werde Fahrräder überflüssig machen und sämtliche Autos aus Innenstädten vertreiben. Klappte unter anderem auch deshalb nicht, weil der Firmenchef der Segway Company bei einer Demonstration mit seinem Segway über eine Klippe bretterte und den Sturz nicht überlebte. Gute Werbung geht anders. Monte Miller hingegen wollte nichts verkaufen, sondern die Welt retten. Er sah sich selbst als neuer Jesus und plante mit seiner militanten Christengruppe um Weihnachten 1998 Anschläge in Israel. Vorher erklärte er noch öffentlich, sein drittes Auge habe ihm verraten, dass er bei den Kämpfen in Israel fallen und drei Tage später wiederauferstehen werde. Sein drittes Auge irrte, die israelischen Behörden schnappten Miller und seine Bande und warfen sie umgehend aus dem Land. Seitdem hat man nie wieder etwas vom Jesus Miller gehört.

Andere Zeitgenossen blamieren sich auf der Tanzfläche oder bei der Anmache im Club. Die Liste der blamablen Anmachsprüche ist dermaßen lang, so viele potenzielle Anmachopfer existieren gar nicht. Andere Peinlichkeiten in diesem Buch haben wiederum mit Sachen oder Tieren zu tun, wobei der Verursacher für diese Blamagen immer der Mensch ist. Irgendwer muss es sich schließ-

lich ausgedacht haben, seinen Wohnort Hundeluft, Pissen oder Hirzenhain-Merkenfritz zu nennen und das für eine gute Idee zu halten. Andere finden es lustig, ihre Kinder Metallica, stinkender Kopf oder Benson und Hedges (Zwillinge) zu nennen. All diese Bezeichnungen und viele mehr wurden Gerichten tatsächlich vorgelegt. Was für blamable Eltern.

Nicht zuletzt hat der Autor dieses Buches natürlich auch in seinem eigenen Leben gekramt und die eine oder andere peinliche Anekdote zu Tage gefördert, das soll an dieser Stelle nicht verheimlicht werden. Zum Beispiel dieser Tag in der neunten Klasse, als mir irgendwann in der vierten Stunde die Hose am Hintern platzte und ich verzweifelt versuchte, das Loch zu verdecken. Das klappte bis zur sechsten und letzten Stunde auch ganz gut, ich wähnte mich schon fast in Sicherheit, als es zehn Minuten vor Schluss an der Tür klopfte. Die kommunalen Verkehrsbetriebe hatten ein Preisausschreiben veranstaltet und ich den ersten Platz gemacht. Der Preis, ein Fotoapparat, sollte nun vor der Klasse überreicht werden. Mit Foto in der Zeitung und so. Der Weg von der letzten Reihe bis ganz nach vorne wollte nicht enden. Und obwohl ich meinen Hintern an die Wand drückte, was ziemlich bescheuert ausgesehen haben muss, erwartete ich jeden Moment den Ausruf feixender Mitschüler: »Der hat ein Loch am Arsch.« Wie durch ein Wunder kam er nicht. Aber ich bin der Meinung, auf dem Zeitungsfoto einen ziemlich gequälten Gesichtsausdruck zur Schau gestellt zu haben.

So viel als Vorgeschmack zu den eigenen Peinlichkeiten. Denn es ist ja immer einfach, sich über andere Menschen zu erheben und mit dem Finger auf sie zu zeigen. Das ist nicht das Ziel dieses Buches. Moment … eigentlich doch. Das Leben ist schon mühsam genug, da ist es beruhigend zu wissen, dass auf diesem Planeten noch ein paar andere Knalltüten herumlaufen, die auch nicht besser sind als man selbst. Und von diesen Exemplaren gibt es in diesem Buch wirklich eine ganze Menge. Viel Spaß beim Fremdschämen und Kopfschütteln. *Till Burgwächter*

VON KUHFRASS, OBERKAKA UND Y:
DIE BLAMABELSTEN ORTSNAMEN
DES PLANETEN

Die Schönheit des eigenen Wohnortes ist immer subjektiv. So würde ein eingesessener Fürther in seinem Leben nicht nach Nürnberg ziehen, ein Dortmunder nicht in Gelsenkirchen wohnen wollen, ein Kölner niemals in Düsseldorf übernachten und ein Braunschweiger nicht mal tot über einem Zaun in Hannover hängen. Lokale Animositäten sind eine feine Sache zum Zeitvertreib, sie werden definitiv erst Hand in Hand mit der Menschheit aussterben. In anderen Ländern gibt es diese Abneigungen ebenfalls, zur Not stellt sich sogar ein ganzes Land gegen die eigene Hauptstadt. So halten viele Einheimische den Wiener als solchen nicht für einen »echten« Österreicher, während in Finnland außerhalb von Helsinki die Meinung vertreten wird, die eigene Kapitale gehöre zu Schweden oder sonst wohin, aber ganz sicher nicht unter das blaue Skandinavien-Kreuz auf weißem Grund. Je nachdem, wo man aufgewachsen ist, welchem Fußballklub man sich verschrieben hat oder was auch immer im Leben passiert ist, diese Einschätzungen existieren auf dem ganzen Planeten und sollten nicht zu ernst genommen werden.

Viel peinlicher ist es allerdings, wenn die eigene Postanschrift von einem Ortsnamen verziert wird, der jeden Postangestellten zu Lachkrämpfen reizt. Und von diesen Namen existieren unfassbar viele. Warum die jeweiligen Käffer – denn meistens sind es sehr kleine Ansammlungen von schmutzig-grauen Wohnhäusern, verfallenen Bauernhöfen und kaputten Hühnerställen – nicht einfach ihren Namen ändern, mag verschiedene Gründe haben. Vielleicht spielt Traditionsbewusstsein eine Rolle, womöglich Trotz oder einfach Desinteresse. Schön für den Rest der Welt, der so zumindest etwas zum Lachen hat.

Beginnen wir unsere Reise in Deutschland, wo es eine Vielzahl von Ortsnamen gibt, die ein zurechnungsfähiger Stadtschreiber oder Bürgermeister längst verboten hätte. In der Nähe von Coswig in Sachsen-Anhalt zum Beispiel existiert ein Dorf mit dem Namen Hundeluft. Das Wappen der nicht mal 300 Einwohner umfassenden Gemeinde zeigt sogar einen Köter, allerdings leidet dieser weder unter Asthma noch unter Blähungen, was bei diesem Ortsnamen nahezu Pflicht gewesen wäre. Im Unterallgäu vegetiert ein Ortsteil namens Katzenhirn vor sich hin, was ebenfalls schöne Assoziationen hervorruft. Ob die Bewohner dieses bayrischen Fleckens am Rande des Nirgendwo sich darüber Gedanken machen ist nicht überliefert. Den Fotos nach zu urteilen ist es eh fraglich, ob sich in dieser Gegend überhaupt menschliche Wesen aufhalten. Von besagter Spezies gibt es im thüringischen Kuhfraß jetzt auch nicht besonders viele, angeblich genau 129. Historisch betrachtet hätte es ein paar bessere Namen gegeben, schließlich waren hier mal das Rittergut Großkochberg und später das Schloss Hirschhügel beheimatet. Aber offensichtlich fand irgendjemand den Namen Kuhfraß attraktiver. In dem Schloss ist seit 1978 eine psychiatrische Anstalt untergebracht, vielleicht stammt der Ortsname von einem der Patienten? Möglicherweise gab es in der Ecke aber auch einfach nur mal einen ganz miserablen Koch. Was das über den Leverkusener Stadtteil Fette Henne sagt? Gehen Sie doch selber nachgucken!

Im Rahmen blamabler Ortsnamen dürfen natürlich auch die nicht fehlen, die deutlich unter die Gürtellinie zielen. Das ist immer ein Garant für saftiges Schenkelklopfen auf Familienfesten oder am Stammtisch. Also wühlen wir uns mit Schamesröte im Gesicht durch Dorfschaften wie Wichsenstein in Oberfranken, das rheinland-pfälzische Busendorf (mit entsprechender Felsformation), die mittelfränkische Gemeinde Feucht bis hinein ins niedersächsische Hodenhagen. Ein kleiner Zwischenstopp in Rammelsbach darf natürlich noch sein, dieser idyllische Flecken zwischen Idar-Oberstein und Homburg existiert immerhin seit 1364. Trotz des frivolen Namens leben hier allerdings auch nur rund 1.500 Rammlerinnen und Rammler. Sind wohl alles keine Katholiken, sonst wäre es da voller.

Wer es gerne eine Stufe härter mag, der lenkt seine Schritte nach Fickmühlen in der Nähe von Cuxhaven oder schaut im bayrischen Fickenhof vorbei. Da juckt's bei manchem in der Lederhose, was allerdings wiederum ein Ort in Thüringen ist. In (der) Lederhose wohnen keine 300 Seelen, als lokale Attraktionen werden ein ehemaliger Bahnhof und ein ehemaliger Straßenübergang angepriesen. Die Menschen dort müssen vor lauter Ekstase umkommen, was für die 80 allwetterfesten Siedler im brandenburgischen Regenmantel ebenso gelten dürfte.

Über die Puffthals (Bayern), Nackterwäldchen (Pfalz) und Poppenhausens (Hessen) dieses Landes geht es weiter, denn natürlich darf auch der menschliche Ausscheidungsapparat nicht unter den Tisch fallen. Blasenkranke machen sich 'nen Lenz im niedersächsischen Pinkler (kulinarische Spezialität: Grünkohl mit Pinkel, frisch zubereitet) oder lassen es in Pissen (Sachsen-Anhalt) mal so richtig laufen. Der Name Pissen leitet sich angeblich von einem Getreide ab, aber was sollen sie auch sonst sagen, die lieben Pissener? Im 12. Jahrhundert lebten hier ausschließlich Inkontinente? Das klingt ja nicht. In Kotzendorf im Landkreis Bamberg beschäftigt man sich mit ganz ähnlichen Dingen, auch hier wird nach Ausreden für den blamablen Ortsnamen gesucht. Das Wort »Kotze« stand früher angeblich für »grobe Wolle«, deshalb sei der Name keinesfalls anstößig, lässt die Homepage wissen. Mag ja alles sein, aber wenn eine Ursula Übel in der Schimmelgasse in Kotzendorf wohnt, klingt das trotzdem ziemlich schlecht. Menschen aus Kotzfeld, Kotzen oder Kotzenaurach dürften die Problematik kennen. Von den Damen und Herren aus dem niedersächsischen Meinkot ganz zu schweigen.

Bei anderen Ortschaften könnte man als Außenstehender den Eindruck gewinnen, die Bewohner hätten mit dem Namen ihres Dorfes ihren eigenen Unmut über die Zustände vor Ort zum Ausdruck gebracht. Oder wie lassen sich Örtchen wie Elend, Notschrei, Quälhof, Knochenmühle, Schmerz, Ekelsdorf, Eiterberg, Luschendorf, Niederreißen oder Zweifelsheim sonst erklären? Ein besonderes Augenmerk sollte noch dem ulkigen Trio Oberhäslich (Sachsen), Oberbillig (Rheinland-Pfalz) und nicht zuletzt Oberkaka (Sachsen-Anhalt) gelten. Wenn diese drei Oberzentren des schlechten Geschmacks nicht schleunigst eine Städtepartnerschaft schließen und das touristische Potenzial ihrer Kuhdörfer ausschlachten (»Bewundern Sie die weitläufigen Parkanlagen von Oberhäslich! Übernachten Sie in Oberbillig! Machen Sie das Geschäft Ihres Lebens in Oberkaka!«), dann weiß ich auch nicht. Wirklich ganz großes Kino, da muss sich Unterkaka leider hintanstellen.

Wer seinen aktuellen Gefühlszustand gerne in Interjektionen ausdrückt, sollte sich in Richtung Mittelfranken orientieren. Im malerischen Örtchen Aha leben zwar keine 400 Menschen, aber es gibt einen Kindergarten und einen Dorfplatz. Das sollte doch wohl erst mal reichen. Und das sicherlich nicht minder pittoreske Unterwurmbach liegt gleich ums Eck. Wer statt Aha lieber Oha sagt, muss ganz in den Norden rauf. In der Nähe von Rendsburg gibt es einen Ortsteil mit diesem Namen. Das wesentlich schmerzhaftere Aua liegt hingegen in der osthessischen Diaspora. Stolz verkündet man hier, dass das Ortsschild zu den meistgeklauten in ganz Deutschland zählt. Bei offiziell 164 Einwohnern ist halt auch keiner da, der aufpassen kann.

Zu weitaus unangenehmeren Zwischenfällen kann es für die Bürger des blamabel benannten Örtchens Daheim in Hessen kommen. Nämlich dann, wenn diese ohne Papiere in der Tasche außerhalb ihrer Gemeinde von irgendeiner Kirmes oder anderen Festivität kommend betrunken herumliegen und von der Polizei aufgelesen werden. »Wo wohnen Sie?« – »Daheim!« – »Ich fragte Sie, wo Sie wohnen.« – »Und ich sagte Daheeiiiim!« Ich fordere Sie zum letzten Mal auf …« Zack, erschossen wegen Beamtenveralberung. Und dass mir jetzt keiner mit Polizeigewalt kommt. Das ist einfach sehr unglücklich gelaufen. Aber vielleicht kann dieses Buch ja helfen, Leben zu retten.

Wesentlich weniger eindeutig, ja vielmehr verwirrend, sind Ortsnamenskonstruktionen, die aus verschiedenen Wörtern bestehen. Oder fällt Ihnen etwas zu Hirzenhain-Merkenfritz ein? Schlatt unter Krähen könnte der Titel für einen düsteren Skandinavien-Thriller sein, bezeichnet allerdings eine Gemeinde in Baden-Württemberg in der Nähe von Konstanz. Man mag sich gar nicht vorstellen, wie das im dortigen Dialekt ausgesprochen klingen mag. Fischen im Allgäu ist wiederum selbsterklärend, Ort und Tätigkeit vereint. Im Wappen finden sich zudem zwei skeptisch dreinblickende Forellen, die zu ahnen scheinen, was da auf sie zukommt. Heerscharen von Rentnern, die mit Angelruten bewaffnet den bayrischen Kurort stürmen. Da heißt es fix die richtige Ausfahrt finden oder in der Pfanne landen.

Doch wollen wir bitte nicht so tun, als würden blamable Ortsnamen nur in Deutschland vorkommen. Ganz im Gegenteil, unsere lieben Freunde aus nah und fern können sich auch so richtig schön in die Nesseln setzen. Zum Beispiel der Bürgermeister des türkischen Ortes Batman, der vor ein paar Jahren ernsthaft eine Klage gegen Hollywood anstrebte, da man doch glatt seinen schönen Ortsnamen für einen verkorksten Typen im Fledermauskostüm geklaut hatte. Wesentlich souveräner agierten die Bewohner des kanadischen Ortes Dildo, denen man vor rund 35 Jahren den Namen wegnehmen wollte, der sich natürlich nicht von dem Sextoy ableitet, sondern einen Pfahl zum Arretieren von Schiffen bezeichnet. Die 1.5000 Bewohner sperrten sich gegen eine Umbenennung, setzten sich durch und feiern seitdem einmal jährlich ein Dildo-Fest in Neufundland. Es gibt sogar ein Maskottchen namens Captain Dildo. Ob der Fledermausflügel besitzt, ist allerdings fraglich.

Zu internationaler Berühmtheit gelangte die österreichische Ortschaft Fucking, vor allem englischsprachige Touristen finden es da total witzig. Die rund 100 Einwohner können allerdings nicht mehr lachen, denn seit einigen Jahren, Internet sei dank, wird ihr Kaff von Touristen überrollt. Das war's dann mit der idyllischen Ruhe im Bezirk Braunau am Inn. Aber aus der Ecke krabbeln von Zeit zu Zeit ja sowieso seltsame Ideen und Subjekte ans Tageslicht. 2007 kamen ein paar gewitzte Geschäftsmänner auf die Idee, ein Bier mit dem Namen »Fucking Hell« auf den Markt zu bringen, dessen Name nach mehrjährigem Rechtsstreit genehmigt wurde. Seitdem dürfen die Fuckinger auch noch Hunderte leere Bierflaschen entsorgen, die die Belagerer stilecht vor dem Ortsschild köpfen. Das Leben kann manchmal richtig grausam sein.

Das gilt auch für Menschen, die im walisischen Llanfairpwllgwyngyllgogerychwyrndrobwllllantysiliogogogoch residieren. Der längste Ortsname Europas, der aussieht als hätte ein unter ADHS

19

leidendes Kleinkind auf einer Tastatur herumgetatscht, ist schon eine Herausforderung, wenn man auf der Post seinen Absender eintragen will. Übersetzt heißt der Bandwurmname übrigens so viel wie »Marienkirche in einer Mulde weißer Haseln in der Nähe des schnellen Wirbels und der Thysiliokirche bei der roten Höhle«. »Am sein tun«, möchte man noch hinzufügen. Die Bewohner des nordfranzösischen Örtchens Y können darüber nur müde grinsen. Sie haben ihre Heimat nach zwei Straßen benannt, die auf dem Gemeindegebiet ein Y bilden. 93 Menschen leben hier und sparen beim Adressieren ihrer Post eine Menge Zeit. Mit Llanfairpwllgwyngyllgogerychwyrndrobwllllantysiliogogogoch besteht übrigens eine Partnerschaft, ebenso wie mit der holländischen Gemeinde Ee, die es immerhin auf rund 900 Einwohner bringt. So bringen dämliche Ortsnamen am Ende noch Menschen aus verschiedenen Kulturkreisen zusammen. Immerhin.

VON GEISTERPLANETEN, WELTUNTERGÄNGEN UND LÄCHERLICHEN MODEERSCHEINUNGEN: BLAMABLE WAHRSAGEREIEN UND PROPHEZEIUNGEN

Erst kürzlich erhielt der Verfasser dieser Zeilen eine E-Mail von einer gewissen Maria W. In der kurzen Mitteilung, die mit dem dramatischen Betreff »Ihr Leben wird sich heute noch ändern« versehen war, stand zu lesen, ihre weissagerischen Kräfte hätten ihr offenbart, dass ich dringend eine Prophezeiung aus ihrem berufenen Munde benötigen würde. Gegen ein kleines Honorar, versteht sich. Da ihr drittes Auge weder meinen sehr weltlichen Kontostand noch meine generelle Abneigung gegen Werbemails jeglicher Art erkannte, nahm ich von einer Beauftragung der Seherin (die wahrscheinlich mit diesem millionenschweren ghanaischen Prinzen verwandt ist, der mir unbedingt sein Vermögen vermachen will) Abstand. Reductio ad absurdum!

Interessanterweise neigten Menschen in jeder Epoche und an jedem Ort dazu, sich um andere Menschen zu scharen, die die angebliche Gabe besaßen, die Zukunft vorauszusagen. Manche waren und sind religiös motiviert, andere nennen sich Mystiker oder Spiritualisten. Sie lesen kommende Kriege, persönliche Tragödien oder die längst überfällige Ankunft der Marsianer aus Händen, Teebeuteln, Wolken, Kaffeesätzen, Sternenkonstellationen, aus Hühnerknochen, den Organen geschlachteter Tiere, Karten, dem Flug der Vögel oder der Festigkeit ihres eigenen Morgenstuhls. Ein in verschiedenen Kulturen beliebtes Weissagungsinstrument ist das Hühnerei, das wahlweise Kontakt mit verstorbenen Angehörigen aufnehmen, den Ausgang der Ernte vorhersehen oder

Hexen identifizieren kann. Gar nicht schlecht für etwas, das aus einem Hühnerarsch gefallen ist. Aber betrachten wir es mal halbwegs vernünftig, das Einzige, was ein hart gekochtes Frühstücksei wirklich mit Sicherheit vorhersehen kann, ist die Tatsache, dass aus seinem Inneren kein Küken mehr schlüpfen wird. Ende der Vorstellung.

Die meisten selbst ernannten Wahrsager und Propheten sind dann auch nicht mehr als mindertalentierte Eierköppe, deren einziges Ziel es ist, gutgläubigen Zeitgenossen die hart verdienten Taler aus der Tasche zu ziehen. Blöd nur, dass sich Vorhersagen (wie beim Wetter) im Nachhinein leicht überprüfen lassen.

Am beliebtesten sind Prophezeiungen zum Weltuntergang. Der findet gefühlt alle drei Monate statt, scheint in letzter Sekunde aber immer wieder abgeblasen zu werden. Sekten wie die »Davidianer« oder »Heavens Gate« lassen grüßen. Schaut man sich nur mal die Vorhersagen zu den Weltuntergängen im laufenden Jahrtausend an, müssten wir alle längst als Kleinstpartikel durchs All segeln. Los ging die große Untergangsparty natürlich im Jahr 2000. Unzählige Experten sagten Computerabstürze und komplettes Chaos vorher, die immer dramatischere Auswüchse annahmen, je näher der Datumswechsel rückte. Viele Menschen werden wenige Sekunden vor Mitternacht mit sorgenvoller Miene auf ihren PC in der Ecke geschaut und im letzten Moment doch noch den Netzstecker gezogen haben. Nicht, dass sich das Ding im grauen Plastikgehäuse noch in ein zähnefletschendes Monster verwandelt. Die selbst ernannte Magierin Uriella (alias Erika Hedwig Bertschinger-Eicke) ging noch einen Schritt weiter. Die Gründerin der Sekte »Fiat Lux« versammelte ihre Schäfchen im Schwarzwald um sich, weil Jesus persönlich ihr gesagt hatte, dass mit dem Datumswechsel die Welt kollabieren würde. Es war Uriellas vierte oder fünfte Untergangsprophezeiung, die gebürtige Schweizerin salbaderte bis Februar 2019 vor sich hin, bevor sie im Alter von 90 Jahre von wem auch immer abberufen wurde.

Die »besorgten Christen« (»Concerned Christians«) aus den USA wollten nicht nur auf das Ende warten. Ihr Anführer Monte Miller plante unter dem Codenamen »Walk on Water« Anschläge auf muslimische Ziele in Israel. Er selbst prophezeite sich, er werde 1998 im Kampf in den Straßen von Jerusalem fallen und drei Tage später wiederauferstehen. Nun ja, Monte Miller wurde kein neuer Jesus, noch nicht mal ein gewöhnlicher Zombie. Die israelischen Behörden entdecken ihn und seine Terroristenbande und schmissen sie noch vor dem 31.12. aus dem Land. Danach tauchte die Organisation unter, man vermutet sie heute in Griechenland oder den USA oder tot.

Die in Nordportugal ansässige »Bruderschaft des Jungen Christus« hingegen hatte eine ganz andere Prophezeiung im Angebot. Auch bei ihnen ging die Welt am 1.1.2000 unter, allerdings nicht zwangsläufig. Wer bei der Bruderschaft ein aus Neonröhren gebasteltes Kreuz kaufte, konnte mithelfen, den Untergang zu verhindern. Für schlappe 3.000 Euro war das Leuchtekreuz zu erwerben. Seitdem behaupten die portugiesischen Superchristen, den Weltuntergang im Alleingang verhindert zu haben. Das Gegenteil ist schwer zu beweisen.

Doch wer geglaubt hatte, der Spuk sei im Januar 2000 endgültig Geschichte, sah sich schnell eines Besseren belehrt. Schon 2003 hatten sich die ersten Propheten vom Nichtuntergangsschock erholt und strickten an neuen Vorhersagen. Der in Aserbaidschan geborene US-Autor Zecharia Sitchin, der fest an seine Theorie glaubte, die Menschheit sei vor vielen Tausend Jahren in einen Krieg mit Außerirdischen geraten, wobei die ägyptischen Pyramiden als Andockstationen für Raumschiffe dienten, verkündete im Brustton der Überzeugung, der Planet Nibiru (dessen Existenz niemals bewiesen werden konnte) würde auf Kollisionskurs mit der Erde gehen und diese auslöschen. Weder Nibiru noch sonst wer kam vorbei, Sitchin starb 2010 an Altersschwäche.

Nur zwei Jahre später war es dann aber wirklich so weit. Die Maya, dieses hoch entwickelte Volk aus Mittelamerika, hatten rund 1.300 Jahre zuvor das Ende der Welt für den 21.12.2012 vorhergesagt und diese Erkenntnis in einen Ziegel geritzt, der unglücklicherweise von modernen Menschen entdeckt wurde. Ob die Maya wirklich den Weltuntergang vorhersagen wollten oder etwas ganz anderes meinten, ist bis heute umstritten. 1.300 Jahre alte Augenzeugen sind so furchtbar unzuverlässig in ihren Aussagen. Fakt ist, dass jeder Freak der westlichen Welt auf die angebliche Prophezeiung ansprang und eine Hysterie herrschte, als würde, nun ja, die Welt untergehen. Menschen buddelten sich Bunker, deckten sich mit Trockenfleisch und Dörrobst ein und errichteten Altäre, um Maya-Götter wie Abkaknexoi (zuständig für Fischfang), Ah Mucen Cab (Gott des Honigs) oder Cama Zotz (Fledermausgott) milde zu stimmen. Unser alter Freund, der Geisterplanet Nibiru, kam ebenfalls wieder ins Spiel. Er sollte gemeinsam mit den Maya-Göttern den Erdball zerschmettern. Warum? Weil sie es können. Oder eben nicht, es blieb einmal mehr so ruhig, wie in der »Fankurve« der TSG 1899 Hoffenheim.

2017 gab es dann gleich drei Daten, an denen der letzte Vorhang für immer fallen sollte. Irgendeine christliche Splittergruppe hatte sich den 23. September ausgeguckt, weil irgendwelche Sterne (denen die Erde mit Sicherheit so was von egal ist) in bestimmter Konstellation in der Gegend herumhingen. Pustekuchen, ein weiteres Mal. Der geheimnisvolle US-Autor David Meade – Spezialgebiet: Weltuntergänge – wurde langsam ungeduldig und verkündete kurz nach dem 23. September, Nibiru (Wird das nicht irgendwann mal langweilig?) wäre auf dem direkten Weg und würde die Erde am 5. Oktober aus dem All kegeln. Auf den Hinweis eines NASA-Experten, wenn ein Planet oder ein sonstiges Objekt dieser Größe der Erde so nahe käme, müsste man ihn Wochen, wenn nicht Monate im Voraus mit dem bloßen Auge erkennen, erwiderte Meade nichts. Nibiru zeigte sich erneut als schüchternes Wesen und blieb lieber zu Hause. Aber die Welt war immer noch nicht gerettet, da der italienische Gelehrte Matteo Tafuri im 16. Jahrhundert vorhersagte, die Welt würde untergehen, wenn es auf der süditalienischen Halbinsel Salento (seiner Heimat) an zwei Tagen hintereinander schneien würde. Das geschah 2017, aber der »italienische Nostradamus« genannte Philosoph und Arzt lag offensichtlich daneben.

Apropos Nostradamus, der Superstar der Seher (bürgerlich: Michel de Nostredame) darf in dieser Aufzählung natürlich nicht fehlen. Der Arzt, Apotheker und Astrologe war schon ein cleveres Kerlchen. Denn anders als viele seiner Kollegen verzichtete der im 16. Jahrhundert lebende Mann aus dem Südosten Frankreichs auf allzu genaue Prophezeiungen. Seine schon zu Lebzeiten in Gedichtform veröffentlichten Voraussagen blieben meist so vage, dass man alles Mögliche hineindeuten konnte. Eine ziemlich einträgliche Geschäftsidee, die bis heute funktioniert. Egal ob Papstwahl, Kriegsausbruch oder umfallende Säcke mit Sättigungsbeilagen im asiatischen Raum, beim Michel findet sich immer das

Passende. Zumal Nostradamus wenig bescheiden behauptete, bis ins Jahr 3797 schauen zu können. In so einem langen Zeitraum wird schon irgendwas passieren, was sich problemlos unter seine Gedichte subsumieren lässt. Nachgewiesen werden konnte allerdings, dass die von ihm erstellten Horoskope für einfache Bürger und Promis seiner Zeit diverse Fehler die Planetenkonstellationen betreffend enthielten. Aber damals waren die Fernrohre ja auch noch nicht so gut.

Heutigen Wahrsagern stehen unendlich mehr technische Hilfsmittel zur Verfügung, und trotzdem kriegen sie es nicht gebacken, mal ein paar vernünftige Ansagen zu machen. Okay, die Logik gebietet es, dass wahrhaftig sehende Menschen einfach die Lottozahlen des nächsten Wochenendes aufrufen und sich auf Marbella 'nen Lenz machen würden, anstatt sich bei Astro TV in ein winziges Fernsehstudio zu klemmen und sich das Gejammer ihrer Mitmenschen anzuhören. Aber mit Logik kommt man bei Propheten und Wahrsagern nicht sonderlich weit.

Noch viel schlimmer wird es allerdings, wenn sogenannte Experten ihren Kopf aus ihrem Büro stecken und der Welt mitteilen, was demnächst auf ihrem Fachgebiet passieren wird. So schrieb ein namentlich nicht genannter Musikjournalist im Jahr 1955, der Rock 'n' Roll sei eine kurzfristige Modeerscheinung und werde im nächsten Jahr schon wieder vergessen sein. Die britische Premierministerin Margaret Thatcher prophezeite 1974, sie werde es nicht mehr erleben, dass eine Frau dieses Amt in Großbritannien bekleiden dürfe. Sie machte es dann selber, und zwar von 1979 bis 1990. Der Flugzeugpionier Wilbur Wright prognostizierte 1901, dass der Mensch frühestens in 50 Jahren fliegen werde. Zwei Jahre nach dieser Aussage erhob er sich mit seinem Bruder Orville in die Lüfte. 1904 gab der französische Marschall Ferdinand Foch zu Protokoll, dass Flugzeuge ein ganz nettes Spielzeug, militärisch aber nicht zu gebrauchen seien. Der deutsche Kaiser Wilhelm II. weissagte seinen Soldaten, sie würden aus dem Ersten Weltkrieg wiederkehren, noch bevor das Laub von den Bäumen fällt. Das Gemetzel dauerte dann bekanntlich vier Jahre, und das Laub fiel hauptsächlich wegen des massiven Einsatzes von Senfgas. Der großartige Schriftsteller Herbert G. Wells prophezeite 1902, U-Boote könnten nicht funktionieren, die Mannschaft im Inneren müsse ersticken. Und Warner-Mitbegründer Harry M. Warner war sich noch 1927 sicher, dass kein Mensch ins Kino gehen würde, um Schauspieler reden zu hören. Dem Stummfilm gehöre die Zukunft. Charlie Chaplin ging sogar noch einen Schritt weiter und sprach dem Kino im Jahr 1916 jegliche Zukunft ab. Das Theater werde sich durchsetzen. Und nicht mal der einzig wahre deutsche Kaiser, Franz Beckenbauer, war unfehlbar. 1990, kurz nach dem Gewinn der Fußballweltmeisterschaft, entschuldigte er sich vorsorglich beim Rest der Welt, da die Nationalmannschaft auf Jahre unschlagbar sei. Die Dänen, die Deutschland im EM-Finale 1992 besiegten, lachen heute noch.

Doch egal, ob Kaiser, Gelehrter oder Hobby-Wahrsagerin in einer Frauenzeitschrift, sie alle können sich die Mühe der Vorhersage sparen. Denn die einzig wahren Seher, die Jungs und Mädels von der Weltuntergangsfront, haben mit hundertprozentiger Sicherheit herausgefunden, dass die Erde 2029, allerspätestens aber 2036 die Segel streichen wird. Dieses Mal aber wirklich. Also Zeit genug, um das Leben noch ein bisschen zu genießen. Ganz ohne alberne Prophezeiungen.

VON FLIEGENFÄNGERN, ENTRÜCKTEN ARGONAUTEN UND KLUM'SCHEN UNTERBUXEN: BLAMABLE MOMENTE AUF DEM TANZPARKETT

Das Bewegen zur Musik teilt die Menschen seit jeher in zwei Gruppen: Die einen beherrschen es mehr oder weniger und geben sich dem kostengünstigen Freizeitgenuss ohne Hintergedanken hin. Die anderen würden sich nicht mal auf eine Tanzfläche begeben, wenn ihr Leben davon abhinge. Eine dritte, oft übersehene Gruppe besitzt das Rhythmusgefühl eines Wackelpuddings, lässt sich aber trotzdem nicht davon abhalten, jedes Wochenende die Clubs dieses Planeten zu entern, um Freund und Feind mit abstrusen, ja teils abartigen Bewegungen zum Lachen oder zum Fremdschämen zu bringen. Diesen Menschen gilt jetzt unsere Aufmerksamkeit.

Anfänger glauben ja, dass die Musik, die zum Tanze im Hintergrund spielt, in irgendeinem Zusammenhang mit den Tanzschritten steht. Das ist natürlich völliger Blödsinn. Ein echter Tänzer aus der eben erwähnten Kategorie 3 zieht seine Nummer durch, egal ob Helene Fischer, Metallica oder Bachs *Matthäus-Passion* laufen. Zum Beispiel den Cowboy-Tanz, bei dem der zumeist männliche Tänzer eine Beinstellung in Gedenken an John Wayne einnimmt, dann auf und ab hüpft und mit den Händen Bewegungen vollführt, als würde er ein Lasso oder eine Reitpeitsche in den Händen halten. Manchmal lupft er auch noch den imaginären Cowboyhut, um die schwer beeindruckte Damenwelt zu grüßen. In anderen Momenten werden die Colts gezogen und in Richtung Discodecke geschossen, immer und immer wieder. Wenn dazu noch *Schüsse in die Luft* von Kraftklub läuft, ist das Bild perfekt. Aber auch ohne passende

Untermalung ist der »hüpfende Sheriff« ein todsicherer Move, um die Nacht alleine oder bestenfalls in einem Stall unter lauter frigiden Milchkühen zu verbringen.

Etwas sportlicher wirkt da der Rocky-Move, benannt nach dem wohl legendärsten Boxer der Filmgeschichte. Ob man das Gesicht auch in bester Stallone-Manier verziehen sollte, lassen wir mal dahingestellt. Das lockt am Ende ja doch nur Frauen wie Aaaadrian an. Und die sah, wir erinnern uns, echt nicht so dolle aus, obwohl sie sich nicht mal geboxt hatte. Das Hauptaugenmerk dieser ebenfalls recht maskulinen Tanzvariante liegt sowieso auf den Armen. Die fliegen nämlich durch die Luft, verteilen Leberhaken, Jabs und halten die Deckung stabil, als würde Muhammad Ali auf seinen flinken Beinen um den Verrückten herumtänzeln. In Wirklichkeit ist da (hoffentlich) niemand, der Rocky-Move soll einfach nur die Vitalität, die Kraft und die Energie des Tanzenden zum Ausdruck bringen. Bei Menschen mit ein wenig Oberarmmuskulatur mag das vielleicht sogar noch einigermaßen hinkommen, alle anderen sehen aus, als würden sie Fliegen fangen. Gleiches gilt für die Gewichtheber, die mit ihren Armen andeuten, sie würden gerade Unmengen von Stahl an ihre Brust ziehen. Die fangen auch Fliegen, allerdings mit ihren Arminnenbeugen.

Andere wiederum, und hier sind jetzt definitiv beide Geschlechter (und alle anderen) gemeint, entdecken in den frühen Morgenstunden auf der Tanzfläche ihre wahre Bestimmung und fangen an zu rühren, was das Zeug hält. Mit beiden Händen umgreifen sie den nicht vorhandenen Stab und vollführen kreisende Bewegungen, dass jeder Teig vor lauter Erstaunen sofort fluffig wird. Manch einer mag sich in diesen Momenten auch als Braumeister fühlen, der in einem riesigen Zinkkessel die Zutaten für ein besonders leckeres Pils zusammenmischt, andere wähnen sich vielleicht auf dem Blocksberg bei Krötenblut und Zitteraalsekret. Wichtig ist bei dieser Variante nur, dass die Rührbewegungen einigermaßen im Takt sind und die tanzende Person dabei guckt, als würde sie gerade ein Ei legen. Keine Ahnung, warum das so ist, aber so gucken sie tatsächlich alle.

Freunde der Ozeanografie wählen indes lieber allerlei Schwimm- und Wassersportbewegungen, beziehungsweise das, was sie dafür halten. Da wird gerudert, gekrault, ein Delfin malträtiert oder eine Arschbombe vom 3-Meter-Brett angedeutet. In manchen Clubs ist das so schlimm, dass dort eigentlich Bademeister eingestellt werden müssten. Zumal die Akteure so agieren, als hätten sie nicht mal das Seepferdchen geschafft. Eng verwandt mit den Wassernixen, aber bei weitem nicht so angestrengt, sind die Träumer, die sich ganz in Beat und Melodie fallen und dann treiben lassen. Sie sind eins mit dem Universum, eins mit der Dorfdisco und eins mit ihrer Bacardi-Cola. Du könntest ihnen beim Tanzen die Schuhe klauen, sie würden es nicht merken. Sie folgen mit entrückter Miene nur noch ihrem Fixstern Galactica, bis in der Kaschemme irgendwann das Licht angeht und die Argonauten wieder in heimatlichen Gefilden ankommen. Ein ungläubiges Blinzeln, und schon sind diese Geschöpfe der Nacht verschwunden.

Apropos Geschöpfe der Nacht. In den 80er-Jahren war die Gothic-Bewegung ziemlich stark, selbst Diskotheken mit Schlagerschwerpunkt richteten eine dunkle Stunde ein, in der die nach Patschuli duftenden Erben Draculas zu ihrem Recht kamen. Und das sah dann meistens so aus: Fünf, zehn oder noch mehr schwarze Gestalten stellten sich in einer Reihe auf, während aus der Anlage The Smith, The Cure oder anderer weinerlicher Mumpitz dröhnte. Die Damen und Herren machten nun alle gleichzeitig ein paar Schritte nach vorne, knickten kurz ein (es sah von Weitem immer aus, als wäre allen gleichzeitig etwas aus der Jackentasche gefallen) und gingen gemächlichen Schrittes wieder zurück in die Ausgangsposition. Das Ritual wiederholte sich jetzt eine Stunde lang, dann flatterten alle wieder davon. Ein Schauspiel, das sich zu spät Geborene wahrscheinlich nur schwer vorstellen können. Aber dafür kann der Autor nichts, Beschwerden sind an die eigenen Eltern zu richten.

Das krasse Gegenteil dieses »Bat-Moves« war der Macarena, der auch heute noch vereinzelt auf Tanzflächen dargeboten wird. Findige Discobetreiber schmeißen in verregneten Sommern und an ungemütlichen Herbstabenden gerne ein bisschen Sand auf den Boden, stellen zwei Plastikpalmen auf und rufen die Beachparty aus. Zu diesem Zweck kommt der 1993 erstmals von zwei Spaniern und seitdem unzählige Male aufgepeppte Song in die Anlage, während auf der Tanzfläche Menschen auf ihre Oberschenkel klatschen, die Hände in die Hüften stemmen und alberne kleine Hüpferchen machen. Sieht blöd aus, ist es auch, denn der Modetanz wurde in Spanien passend zum Lied erdacht, um die Menschen rund um den Erdball lächerlich zu machen. Ein misanthropischer Ansatz eines notorischen Menschenhassers, der nur vordergründig fröhlich und unbeschwert wirken soll. Bester Beweis für diese These ist die Tatsache, dass die ehemalige US-Außenministerin Madeleine Albright diesen Tanz in aller Öffentlichkeit aufführte. Vor einer UN-Versammlung (nicht so schlimm). Vor laufenden Kameras (sehr schlimm). Und was gibt es Furchtbareres als tanzende Politiker?

Wir erinnern uns mit Grausen an die britische Premierministerin Theresa May, die im Sommer 2018 durch Afrika reiste und gleich mehrfach bewies, dass ihre vom Regen und Nebel steif gewordenen Knochen sich nicht für flüssige Bewegungen eignen. Briten und Ausländer sparten nicht mit Spott, was die schwer unter Druck stehende Politikerin allerdings ins Gegenteil zu kehren versuchte. Auf einem Parteitag im Oktober 2018 ließ sie vor ihrer Rede den ABBA-Hit *Dancing Queen* einspielen und kam mit ihrem als »Robot Dance« bekannt gewordenen Verrenkungen auf die Bühne gestakst. Wer bis dato geglaubt hatte, die grobmotorische Peinlichkeit wäre dem afrikanischen Klima oder dem Jetlag geschuldet, sah sich nun belehrt. Denn May wackelte zu dem Discohit herum, als hätte irgendein imperialer Halunke dem guten C-3PO koffeinfreien Kaffee in die Schaltkreise gekippt. Selten gab es in der *Tagesschau* Bilder mit größerem Fremdschämfaktor.

Der gilt für Heidi Klum eigentlich durchgehend, allein ihre Stimme soll den Teufel persönlich zum Weinen bringen. Aber immer wenn sich die Mutter aller Models auf ihren High Heels ans Tanzen macht, gibt es Überraschungen. Manchmal positive, häufiger aber auch negative, denn das Tanztalent der Klum scheint massiv von ihrer Tagesform abhängig zu sein. Bei verschiedenen Auftritten wurde sie für ihr Talent gefeiert, in zwei US-Shows packte sie sich beim Tanzen aber auch gepflegt aufs teure Gesicht und präsentierte einem Millionenpublikum ihre gar nicht so aufregenden Unterbuxen. Schönen Dank dafür!

Das Fernsehen hat ungelenk tanzende Menschen schon lange für sich entdeckt. Die in den 90er-Jahren populären Homevideo-Shows kamen so gut wie nie ohne Tanzpannen aus. Mindestens eine übergewichtige Braut musste beim schönsten Tanz ihres Lebens ausrutschen, mit dem Gesicht in der Torte landen und anschließend am besten noch drei oder vier Gäste mit ins Verderben ziehen, während

der Bräutigam mit der Kamera draufhielt. Was haben wir gelacht. Mit der Jahrtausendwende waren alle privaten Bänderrisse und gebrochenen Zehen abgefeiert, seitdem müssen die Promis dran glauben. Das Konzept ist einfach: Einem Haufen Profis werden mehr oder minder bekannte Amateure an die Seite gestellt. Die Paare müssen sich nun wochenlang durch diverse Tänze hopsen, bis eine fachkundige und furchtbar lustige Jury ein Siegerpaar erkoren hat. Dabei gilt weltweit: Neben Promis, denen man die sportliche Belastung durchaus zutraut, muss immer ein bekanntes Gesicht dabei sein, das definitiv nicht tanzen kann und will. Dieser Tanzbär wird dann entweder in der ersten Sendung geschlachtet oder vom Publikum geliebt und per Telefon-Voting möglichst lange in der Show gehalten, während die Jury ob der peinlichen Darbietungen schlecht gespielte Scham zur Schau stellt. So bewiesen Menschen wie der Sportreporter Ulli Potofski, Ex-Spielerfrau Simone Ballack, Ex-Rennfahrerfrau Cora Schumacher, Ex-Boxerin Regina Halmich, Schlagersänger Bernhard Brink oder Ex-Getränkeexpertin Jenny Elvers-Elbertzhagen einmal mehr, dass sie für ein paar lumpige Euro wirklich alles tun. Immer noch besser als Krokodilhoden im Dschungel lutschen, mag der eine oder andere denken. Aber das sind bei genauerer Betrachtung nur zwei Seiten der gleichen Medaille. Und die wird für peinliches Betragen in der Öffentlichkeit vergeben.

VON KETCHUP-MASSAKERN, KAPUTTEN SOFORT-BILDKAMERAS UND FALSCHEN HILLARY CLINTONS: DIE BLAMABELSTEN VERBRECHER DIESES PLANETEN

Ach, was waren das noch für Zeiten, als sich ein anständiger Verbrecher mit Anzug, Hut und Spazierstock zeigte. Manchmal musste er eben in Villen und Schlösser einsteigen oder den Sohn des Industriemagnaten entführen, das bringt der Beruf so mit sich. Aber wenn er gefasst wurde, zeigte er sich reuig oder zumindest als fairer Verlierer. Selbst Ganoven aus unteren sozialen Schichten, wie zum Beispiel die legendäre Olsenbande aus Dänemark, legten trotz des einen oder anderen Ausrasters von Egon immer einen gewissen Stil an den Tag.

Diese Zeiten sind natürlich lange vorbei, heute regiert der Mob mit Brutalität, ungewaschenen Haaren und schlechten Manieren. Allerdings scheint mit dem Stilbewusstsein auch der IQ bei vielen Neppern, Schleppern und Bauernfängern (unvergessen: Eduard »Ede« Zimmermann) in die ungewaschene Unterbuxe gerutscht zu sein. Anders lässt es sich nicht erklären, dass in den Zeitungen immer häufiger von Einbrechern, Taschendieben und Raubmördern zu lesen ist, die sich dermaßen dämlich anstellen, dass sie statt vier Jahren Knast vielleicht lieber noch mal vier Jahre die Grundschule besuchen sollten. Damit sie wenigstens die gröbsten Züge von Bildung verinnerlichen, bevor sie wieder auf die Allgemeinheit losgelassen werden.

Überall auf der Welt immer wieder gerne genommen ist der Bankräuber, der eine Filiale um das eine oder andere Pfund Bargeld erleichtert, nur um wenige Tage später zurückzukehren, um seine Beute auf sein Konto einzuzahlen. Okay, die eigene Filiale der Hausbank zu überfallen ist natürlich in gewisser Hinsicht bequem. Man muss den Laden nicht ewig lange auskundschaften, sondern weiß ungefähr, wo sich der Schalter befindet, wie viele Mitarbeiter durch die Gänge huschen und wann wenig Zeugen anwesend sind. Diese Bequemlichkeit hat allerdings ihren Preis. Zumal, wenn der Bankräuber beim Einzahlen auch noch fast die gleichen Klamotten wie beim Überfall trägt. Abzüglich des Damenstrumpfes über dem Kopf, versteht sich. Obwohl einige dieser Gestalten wahrscheinlich selbst den vergessen.

Ebenfalls als ziemlich bequem stellte sich kurz nach der Wende ein junger Mann aus Sachsen heraus. Er arbeitete in einer Westfirma schwarz, was ihn auf die Idee brachte, seinen korrupten Kapitalistenchef zu erpressen. Dieser sollte 10.000 Deutsche Mark in nicht markierten Scheinen übergeben, oder der Erpresser (der sich zumindest nicht gleich als Mitarbeiter zu erkennen gab) würde petzen, dass in seinem Betrieb schwarz gearbeitet wird. Besagter Firmenchef ging zum Schein auf die Forderung ein und wollte wissen, wo ewr das Geld zu übergeben habe. Da dachte der Erpresser noch mal eine Runde nach. Die Gefahr, bei der Übergabe gefasst zu werden, schien ihm ziemlich hoch. Außerdem war das Wetter auch nicht gut, er hätte aus der Wohnung gehen müssen und sich am Ende vielleicht noch einen Schnupfen geholt. Um die Sache zu vereinfachen, schickte er seinem Chef seine Kontodaten, mit der Bitte, das Schweigegeld einfach zu überweisen. Herzlichen Glückwunsch, Sie haben einen Aufenthalt in einer staatlich betreuten Herberge gewonnen.

Ein Einbrecher aus Norddeutschland trank sich vor seiner Tat erst mal ordentlich Mut an. Das ging auf Kosten seines Gleichgewichtssinns, den er verlor, als er durch ein Dachfenster in einen Supermarkt einsteigen wollte. Er landete aus mehreren Metern Höhe in einem Stapel Ketchup-Flaschen und brach sich ein Bein. Den Ketchup-Spuren nach zu urteilen, die sich am nächsten Morgen überall fanden und wahrscheinlich an ein Massaker biblischen Ausmaßes erinnerten, versuchte der Mann noch halbherzig einen Ausgang zu finden, legte sich dann aber unter eine Kasse und schlief sich erst mal aus. Dort wurde er dann von der Polizei eingesammelt. Für sich genommen schon mal nicht schlecht, aber im Gegensatz zu seinem französischen Kollegen ein reiner Amateur. Denn der Kollege aus unserem Nachbarland wurde innerhalb von sieben Jahren glatte 17 Mal bei Einbrüchen gefasst. Der französische Langfinger hatte die Angewohnheit, sich über die Hausbar seiner Opfer herzumachen, und wurde regelmäßig schlafend auf der Couch seiner unfreiwilligen Gastgeber gefunden. Ja, Durst ist schlimmer als Heimweh.

Umweltbewusst gab sich ein Bankräuber auf Malta, der seine Flucht nicht mit einem knatternden Mofa oder einem schrottreifen Wagen, sondern mit dem öffentlichen Nahverkehr plante. Also

raubte er die Bank aus, stopfte sich die Geldbündel in die Mantel-tasche (Plastiktüten sind sehr umweltfeindlich) und spazierte zur nächsten Haltestelle. Sein Bus hatte allerdings Verspätung, sodass einem zufällig vorbeikommenden Streifenpolizisten ein Mann auf-fiel, aus dessen Taschen diverse Banknoten lugten. Flucht vereitelt, Täter gestellt. Das hätte einem deutschen Bankräuberkollegen so nicht passieren können. Der stürmte nach dem Überfall in voller Montur und mit Wumme in der Hand zum nächsten Taxistand und ließ sich nach Hause fahren. Der Mann soll ernsthaft überrascht gewesen sein, als wenig später die Polizei vor seiner Tür stand. Wie sind die denn bloß auf mich gekommen? Wahrscheinlich rätselt er noch heute.

Ganz schlimm wird es auch immer, wenn Verbrecher und Foto-apparate aufeinandertreffen. Ein Trio aus Mecklenburg-Vorpom-mern soll als Vorzeigebeispiel dienen. Die drei Geistesathleten hat-ten sich ausgerechnet ein Fotogeschäft für ihren Coup ausgesucht, knackten die Sicherheitsschlösser und gelangten tatsächlich ins Innere des Ladens. Hier sammelten sie Fotoapparate und anderes technisches Gerät ein. Aber hey, wenn es so gut läuft, ist doch noch Zeit für ein bisschen Spaß. Also schnappten sie sich eine Sofortbild-kamera und fotografierten sich gegenseitig. Aber was für eine Ent-täuschung, die Kamera war kaputt, die Bilder waren alle schwarz. Die drei Superräuber entsorgten die vermeintlichen Fehlschüsse im Papierkorb des Ladens und zogen mit dem Gefühl des Triumphes von dannen. Die Polizei nahm die mittlerweile entwickelten Por-träts der Schlauberger einige Stunden später aus dem Papierkorb und freute sich über erstklassige Phantombilder. Die Einbrecher waren alte Bekannte und wurden am nächsten Tag geschnappt. Einem Kollegen von ihnen erging es in der Bonner Innenstadt ganz ähnlich. Der Halunke beobachtete eine ältere Dame, die sich in einen Photoautomaten begab und ihre Handtasche zwischen ihren Beinen abstellte. In einem (wie er glaubte) günstigen Moment steck-te der Dieb seinen Oberkörper in die Kabine, um die Tasche zu mopsen. In diesem Augenblick löste der Automat aus, der Mann entkam ohne Beute, konnte aber wenig später gestellt werden. Sein Gesicht war auf dem Foto einfach zu gut getroffen. Gleiches gilt auch für einen Verbrecher, der wegen einer anderen Geschichte auf dem Polizeirevier vorstellig werden musste und im Vorbeigehen sein Konterfei an einer Wand erkannte. Er fragte einen Beamten, warum sie denn ein Foto von ihm aufgehängt hätten und woher dieses stamme. Es war ein Fahndungsfoto einer Überwachungskamera, die den Gewohnheitstäter bei einem Einbruch aufgenommen hatte.

Nicht minder erstaunlich ist die Tatsache, dass viele Verbrecher offensichtlich nicht mit ihren Waffen umgehen können. Die Liste der Fälle, bei denen sich die bösen Buben selbst verletzten, ist ellenlang, vor allem bei Schusswaffen. Allein in Deutschland gibt es diverse Bankräuber, die sich während ihres Überfalls selbst in Hand, Fuß oder Bein geschossen und damit außer Gefecht gesetzt haben. Es wird wirklich mal Zeit für eine vernünftige Ausbildung für Bankräuber. In den USA sollten die meisten den Umgang mit Handfeuerwaffen eigentlich gewohnt sein. Ein Mann aus New York hat in diesem Punkt wohl noch Nachholbedarf, er überfiel einen Taxifahrer, schoss sich vor lauter Nervosität in den Fuß und flüchtete humpelnd. Die Polizei folgte einfach den Blutspuren und konnte den vor Schmerzen jammernden Amateur dingfest machen.

Wenn man denn schon eine Pistole hat, sollte man sie vielleicht auch einsetzen, zumindest zur Bedrohung. Zwei Fahrer eines Geldtransporters im Ruhrgebiet sahen sich zwei Gangstern gegenüber, die sie mit Pistolen bedrohten. Einer der Männer sprang in den Wagen, um die Geldkisten nach draußen zu werfen, während der andere … Aufmerksame Leser werden nun feststellen, dass hier ein Mann fehlt. Denn der zweite kann entweder die Fahrer in Schach halten oder die Kisten mit der Beute ins eigene Auto einladen. Er entschied sich für das Einladen, weshalb die beiden Mitarbeiter der Sicherheitsfirma die hintere Tür des Geldtransporters zuschlugen, ins Führerhaus sprangen und mit einem der Räuber an Bord bei der Polizei vorbeifuhren.

In Wuppertal hingegen zeigte sich ein Bankräuber sehr mundfaul. Anstatt »Hände hoch, das ist ein Überfall« zu brüllen schob er dem Kassierer nur einen Zettel mit ähnlich lautendem Text zu. Der Bankmitarbeiter drehte den Zettel um und durfte feststellen, dass der böse Bube sein eigenes Briefpapier benutzt hatte. Auf der Rückseite standen Name und Adresse des bewaffneten Bittstellers. Überflüssig zu erwähnen, dass der Mann nicht lange Freude an seiner Beute hatte.

Manchmal liegt es aber auch einfach an der verflixten Dunkelheit, wenn ein sorgfältig ausgeklügelter Plan nicht fruchtet. So hatte ein Mann aus Seattle die Tankstelle eines Motels observiert und festgestellt, dass diese nachts nicht bewacht wurde. Also rückte er zu nachtschlafender Zeit mit einem Schlauch und Kanistern bewaffnet an, um sich ein wenig Gratistreibstoff zu sichern. Er führte den Schlauch in den Tank und saugte an. Leider hatte er in der Finsternis den falschen Behälter erwischt, es war der Abwassertank des Motels. Der verhinderte Räuber spuckte die ekelige Brühe dermaßen geräuschvoll aus, dass der Motel-Besitzer davon geweckt wurde und die Polizei verständigen konnte. Allerdings verzichtete er auf eine Anzeige, weil er nach eigenen Angaben noch nie in seinem Leben so gelacht habe.

Bislang waren alle unsere Täter Männer, aber es gibt natürlich auch Frauen, die sich wenig geschickt anstellen. So wollte eine 20-jährige Dame in den USA ein Motel überfallen. Da sie keine Pistole zur Hand hatte, entschied sie sich für eine Kettensäge. Es war allerdings eine elektrische, der Stecker baumelte hinten aus dem Gerät heraus. Die Angestellten des Motels waren mäßig beeindruckt.

Eine 45-jährige Texanerin hingegen brachte ihren Wagen in die Werkstatt, ein Ölwechsel stand an. Unter der Motorhaube waren 18 Kilogramm Marihuana angebracht, der Mechaniker verständigte die Polizei. Bei ihrer Verhaftung soll die Frau ausgesagt haben, dass ihr nicht klar gewesen sei, dass man für einen Ölwechsel die Motorhaube öffnen muss. Eigentlich erstaunlich, dass solche Leute jahrzehntelang überleben, ohne sich selbst in die Luft zu sprengen, sich aus Versehen zu erhängen oder sich sonst wie aus purer Dusseligkeit zu entleiben. In Florida wurde eine 26-jährige Dame mit Gras und Kokain in der Handtasche erwischt. Sie gab zu, dass das Dope ihres sei. Wie aber das komische weiße Pulver in ihre Tasche gekommen sei, könne sie nicht erklären. Wahrscheinlich habe der Wind es hineingepustet. Die Polizei glaubte ihr diese peinliche Geschichte nicht so ganz. Ähnlich dreist verhielt sich eine 25-jährige Frau, die wegen Ruhestörung aufs Revier mitgenommen wurde. Sie legte sich während des Verhörs erst mal 'ne schöne Line Kokain. Zum Schnupfen kam sie dann allerdings nicht mehr.

Im US-Bundesstaat Kentucky lieferte sich eine 36 Jahre alte Dame hackedicht eine Verfolgungsjagd mit der Polizei. Als die Schnapsdrossel schließlich gestoppt werden konnte, verweigerte sie einen Alkohol- und Drogentest. Auch ausweisen wollte sie sich auf keinen Fall. Sie versicherte den Beamten allerdings, dass sie Hillary Clinton sei und es sehr eilig habe. Auf dem Foto, das anschließend auf der Wache gemacht wurde, hält sich die Ähnlichkeit allerdings sehr im Rahmen. Immerhin trug die Delinquentin ein Shirt, auf dem sie dazu aufrief, die Veteranen der USA zu unterstützen. Die werden auf die Hilfe dieser Frau wahrscheinlich gut verzichten können.

VON POTENZMITTELN, GÖTTLICHEN ZEICHEN UND BLINDEN PREMIERMINISTERN: BLAMABLE POLITIKERMOMENTE AUS DEM AUSLAND

Auf diesem unserem Planeten gibt es wohl keinen Berufsstand, dessen Blamage-Potenzial größer ist als bei Politikern. Woran genau das liegt, dass ausgerechnet die Damen und Herren Volksvertreter mit so viel Wonne ausgewählte Peinlichkeiten in die Mikrofone bellen, konnte nie genau erforscht werden. Vielleicht liegt es am Stress, an der offensichtlich vom Werk aus eingebauten Realitätsferne oder einfach an Unfähigkeit. In nicht wenigen Fällen ist es wohl eine perfekt abgeschmeckte Mischung aus allen Komponenten, die es Politikerinnen und Politikern erlaubt, noch den größten verbalen Misthaufen mit einem selbstgefälligen Grinsen als unumstößliche Wahrheit zu verkaufen.

Als an dieser Stelle ausnahmsweise genannter Urvater des Politikergewäschs gilt der zweite Bundespräsident dieser Republik. Und ausgerechnet der konnte am wenigsten dafür. Heinrich Lübke (CDU) war jetzt vielleicht nicht die günstigste Wahl für das Amt, die meisten seiner verbalen Ausrutscher hat er nachweislich allerdings nie begangen. Aussagen wie »Meine Damen und Herren, liebe Neger« (angeblich bei einem Staatsbesuch in Liberia 1962 gefallen) waren Erfindungen von Journalisten, die sich einen Spaß daraus machten, den bisweilen etwas unglücklich wirkenden Politiker lächerlich zu machen. Auch seine fantasievolle Übersetzung der deutschen Redewendung »Gleich geht's los« für die englische Königin, die angeblich »Equal goes it loose« lautete, ist eine reine Legende. Was nicht heißen soll, dass Lübke kein Meister des verdrehten Wortes und Freund seltsamer Ansichten war. So war es ihm bei seinen zahlreichen ausländischen Besuchen immer wichtig, dass die Einheimischen »sauber« seien. Wirkte das ihm zujubelnde Volk schmutzig, ließ er das seinen jeweiligen Gastgeber wissen, was diesen in der Regel sicher mächtig erfreut haben dürfte. Auch bei seinen deutschen Landsleuten machte er sich beliebt, als er in kleinem Kreise fallen ließ, das berühmte Wembley-Tor von 1966 sei seiner Meinung nach drin gewesen. Etwas Schlimmeres hätte man in diesem Jahr wahrscheinlich nicht sagen können. Andere Missgriffe wie die Verwechslung von Osaka (japanische Stadt) und Okasa (Potenzmittel) oder die ebenfalls berühmt gewordene Rede aus Helmstedt, wo Lübke komplett vergaß, wo er sich gerade aufhielt, waren einer Durchblutungsstörung im Hirn geschuldet, die man allerdings erst später entdeckte.

Vielleicht bekommen Lübkes Nachfolgerinnen und Nachfolger eines Tages auch mal posthum die Absolution erteilt, weil man zum Beispiel feststellt, dass gar kein Gehirn vorhanden war. Eine Kandidatin wäre Sarah Palin, die ehemalige Gouverneurin von Alaska, die um das Jahr 2008 aus den unendlichen Weiten ihres Heimatlandes auftauchte und innerhalb weniger Monate so viel dummes Zeug verbreitete, dass sich selbst ihr Parteifreund George W. Bush junior für sie schämte. Als mögliche Vizepräsidentin der Vereinigten Staaten gehandelt, verkaufte sich Palin als treu sorgende Mutter, »Pitbull mit Lippenstift« und Frau aus dem Volk. Wenn dieses Volk allerdings wirklich glaubt, dass Afghanistan ein Nachbarland der USA ist, keine Ahnung hat, wo der eigene Staat New Hampshire liegt, und glaubt, dass die Sowjetunion zusammenbrach, weil sie sich mit ihrem Raketenprogramm übernommen hat, wundert einen gar nichts mehr. Auf die Frage, welche außenpolitischen Erfahrungen sie für das Amt der Vizepräsidentin mitbringen würde, antwortete Palin, sie komme aus Alaska, und von dort aus könne man Russland sehen. Herzlichen Glückwunsch.

Michele Bachmann aus Iowa wurde nicht ganz so berühmt, was auch daran liegen mag, dass die ehemalige Abgeordnete des Repräsentantenhauses sich noch kürzere Zeit auf der Weltbühne austoben durfte als ihre Schwester im Geiste. Wie Palin gehört auch Bachmann zum ultrakonservativen Flügel der Republikaner, ist dafür, Sozialhilfeleistungen komplett abzuschaffen, mag die Jagd auf Tiere und Waffen jeglicher Art und sieht in Naturkatastrophen sowie in der Wahl Donald Trumps zum US-Präsidenten ernsthaft die Zeichen Gottes. So weit, so normal (für eine Konservative in den USA). 2012 fühlte sie sich allerdings dazu berufen, sich selbst zu den parteiinternen Vorwahlen der Präsidentschaftswahl aufzustellen. Diese Meinung besaß sie relativ exklusiv, weil sich schnell herausstellte, dass ihre Allgemeinbildung ein wenig zu wünschen übrig ließ. So konnte sie im Rahmen einer Diskussion nicht sagen, in welchem Staat die US-Revolution begann, bezeichnete einige der schlimmsten Sklavenhalter als Gegner der Sklavenhaltung und gab zu Protokoll, dass der Klimawandel eine reine Erfindung der Presse sei. Diese Aussagen hätten ihr die Wähler vielleicht noch verziehen, allerdings griff sie bei einer Rede komplett daneben, als sie stolz behauptete, aus ihrem Heimatkaff Waterloo (der Name ist Programm) in Iowa würde auch John Wayne stammen. Der feuchte Traum aller »wahren« Amerikaner wurde allerdings in Winterset in einer völlig anderen Ecke Iowas geboren. Sie meinte John Wayne Garcy, den 33-fachen Sexualmörder, der sich als »Pogo der Clown« verkleidet auf Kinderfesten herumtrieb, eine Zeit lang in Waterloo gelebt hatte und 1994 hingerichtet wurde. Knapp daneben ist auch vorbei. In ihrem Heimatstaat Iowa belegte sie im ersten Wahlgang den letzten Platz und zog ihre Kandidatur zurück. Seitdem pöbelt sie ab und an bei Fox News durch die Gegend, was allerdings niemanden interessiert. 2014 schaffte sie es noch einmal in die internationale Presse, als sie dem damaligen Präsidenten Obama (neben anderem hanebüchenen Quatsch) die Bombardierung iranischer Atomkraftwerke empfahl. Möge sie schnell in Vergessenheit geraten.

Das wird mit Joe Biden wahrscheinlich nicht so schnell geschehen, denn er war immerhin acht Jahre lang Vizepräsident der Vereinigten Staaten. Dass er seinen »Chef« trotzdem öffentlich mit

»Barack America« ansprach, gehörte zu den kleineren Patzern in seiner Laufbahn. So kondolierte der Demokrat mit Vorliebe für Eiscreme dem irischen Premierminister zum Tod dessen Mutter (tatsächlich war sein Vater gestorben). In einem Fernsehinterview erinnerte er sich an einen TV-Auftritt von Präsident Roosevelt anlässlich des Börsencrashs 1929. Abgesehen davon, dass es 1929 noch keine TV-Sendungen gab, war zu dieser Zeit Herbert Hoover Präsident. Ein anderes Mal bat er bei einer Veranstaltung einen Mann, er möge doch aufstehen. Leider saß dieser im Rollstuhl und konnte der Bitte nicht nachkommen. Mit solchen Pannen brachte es Joe Biden immerhin zum Internet-Star. Außerdem wurde ihm in seiner Heimat ein Bahnhof gewidmet. Besser als nix.

Ob nach Dan Quayle auch ein Bahnhof oder zumindest ein Bushäuschen benannt wurde, ist nicht bekannt. Aber der 44. Vizepräsident der Vereinigten Staaten (von 1989 bis 1993) hatte ebenfalls großes Blamage-Potenzial. Aus John F. machte er Jack Kennedy, seiner Ansicht nach gab und gibt es Sauerstoff auf dem Mars, er glaubte an eine Beteiligung der USA am Holocaust, wollte die Comedy-Serie *Murphy Brown* verbieten lassen, da die Heldin eine alleinerziehende Mutter war (Verfall der Werte und so), und konnte nicht mal das Wort »Kartoffel« buchstabieren. Sein Glück, dass das Internet damals noch nicht so verbreitet war. Immerhin erhielt Quayle den satirischen Ig-Nobelpreis für mangelnde Bildung.

Aber auch die Präsidenten der USA haben nicht immer den absoluten Durchblick. Kurzzeit-Präsi Gerald Ford beispielsweise war sich im Rahmen einer TV-Debatte im Jahr 1976 sicher, dass die Sowjetunion nicht die Vorherrschaft über Osteuropa habe. Ja, diese verdammte Lügenpresse muss sich halt immer etwas aus den Fingern saugen. Ronald Reagan sorgte da lieber gleich selbst für ein bisschen Panik, als er 1984 während der Vorbereitungen zu einer Radioansprache den Satz »Wir beginnen in fünf Minuten mit der Bombardierung« ins Mikrofon sprach. Selbiges war aber leider schon eingeschaltet, »Krieg der Welten« lässt grüßen. Auch

George W. Bush junior und Barack Obama flüsterten vertrauliche Informationen in vermeintlich ausgeschaltete Mikros, beleidigten Kollegen oder brachten die nationale Sicherheit in Gefahr. Doch gegen Donald Trump sind sie in Sachen Fehlschlagfaktor allesamt Waisenknaben. Was Trump innerhalb weniger Jahre auf die Menschheit losgelassen hat, geht auf alle Kuhhäute Texas' nicht. Der Mann mit dem orangefarbenen Gewusel auf dem Kopf verortete Paris in Deutschland, hielt Belgien für eine Stadt, baggerte seine eigene Tochter Ivanka im TV an, bezichtigte Barack Obama, die Dschihadistenmiliz IS gegründet zu haben, fabulierte über Tausende von Muslimen, die in New Jersey auf den Straßen tanzten, als die Türme des World Trade Center zusammenbrachen, glaubte bei einer TV-Moderatorin zu sehen, wie ihr Blut aus den Augen lief, als sie ihm Fragen stellte, beleidigte die Eltern eines für die USA gefallenen muslimischgläubigen Soldaten und beging unzählige andere Peinlichkeiten, über die es mittlerweile eigene Bücher gibt. Deshalb lassen wir es an dieser Stelle gut sein und wenden uns seinen europäischen Kollegen zu, die sich bisweilen nicht hinter Donald dem Großen (Schwätzer) zu verstecken brauchen.

Wie wäre es zum Beispiel mit einem Abstecher nach Italien, wo ein gewisser Silvio Berlusconi immer mal wieder die Macht in Händen hielt. Wie bei unseren südlichen Nachbarn üblich dauerte die Präsidentschaft meist nicht lange, aber die Zeit reichte dem Multimilliardär, um sich regelmäßig mit Anlauf zum Horst zu machen. So outete sich der Unternehmer und Anhänger von Gesichtshautstraffungen mehrfach als Fan des faschistischen Diktators Benito Mussolini, den er als »guten Mann« bezeichnete. Schließlich habe Mussolini nie persönlich jemanden umgebracht. Kleiner Tipp: Das hat Hitler auch nicht. Und wo wir gerade dabei sind: Berlusconi riet dem deutschen SPD-Politiker Martin Schulz, eine Filmrolle als Kapo eines Konzentrationslagers anzunehmen, die würde zu ihm passen. Zudem beleidigte er in der Vergangenheit immer wieder Homosexuelle, um anschließend mit seinem »Damenverschleiß«

zu protzen. Elf potenzielle Begatterinnen hätten gestern Abend vor seiner Schlafzimmertür Schlange gestanden. Er habe aber nur acht von ihnen befriedigen können, danach sei er zu müde gewesen, gab er einmal ernsthaft zu Protokoll. Man stelle sich vor, Angela Merkel würde ähnliche Sprüche raushauen …

Sein britischer Kollege Gordon Brown ist mittlerweile schon wieder in Vergessenheit geraten, obwohl er von 2007 bis 2010 als Premierminister das Vereinigte Königreich und Nordirland regierte. Er wurde halt nie vom Volk gewählt, sondern »erbte« das Amt von seinem Parteigenossen Tony Blair. Ausstrahlung und Führungsstil des Schotten erinnerten Beobachter und Mitarbeiter bisweilen an den 37. Präsidenten der USA, Richard Nixon. Der war ja ebenfalls ein Experte für Auftritte mit hohem Fremdschämfaktor, wenn auch zusätzlich noch mit krimineller Energie gesegnet. Da Brown kaum drei Jahre in der Weltöffentlichkeit stand, musste er sich beeilen, um wenigstens einen anständig blamablen Moment aufs Parkett zu zaubern. Es gelang ihm kurz vor seinem Rückzug aus dem Scheinwerferlicht, als er im Anschluss an ein arrangiertes Gespräch mit einer Wählerin über die ältere Dame herzog. Dabei hatte der noch amtierende Premier übersehen, dass das Mikrofon eines Journalisten noch angeschaltet war. Die Tatsache, dass Brown tatsächlich fast blind ist, konnte nicht als Entschuldigung dienen. Der als mürrisch verschriene Schotte schmiss auch aufgrund dieses Skandals die Brocken hin. Heute tingelt er als Sondergesandter der Vereinten Nationen für Bildung, Belehrung und Bratkartoffeln durch die Weltgeschichte.

Wähler beleidigen und offene Mikrofone übersehen, das konnte Browns Kollege Nicolas Sarkozy ebenfalls recht gut. Wenn er sich selbst gerade dafür bewunderte, dass er das mindestens um zwei Köpfe größere Ex-Model Carla Bruni abgeschleppt hat, versuchte Sarkozy zwischen 2007 und 2012 mehr schlecht als recht, Frankreich zu regieren. Der kleinwüchsige Pariser, im Nebenjob auch noch Kofürst von Andorra (kicher), hatte ein Abonnement auf

Fettnäpfchen, lästerte nachweislich mit Leidenschaft über Wähler und Kollegen. Bei Vertragsunterschriften klaute er den einen oder anderen Füllfederhalter, erfand vor der Presse Räuberpistolen, die umgehend widerlegt werden konnten, urlaubte bei befreundeten Würdenträgern für umme, stieß andere Staatschefs mit einer beeindruckenden Sorglosigkeit vor den Kopf und erklärte Angela Merkels Ehemann Joachim Sauer öffentlich, er (Sarkozy) würde Angela lieben. Wie romantisch Weltpolitik doch sein kann. Den Franzosen reichte es allerdings recht schnell, sie wählten ihn ab. Seitdem macht er hauptsächlich durch diverse, gegen ihn laufende Ermittlungsverfahren Schlagzeilen. Es ging und geht um Bestechung, Korruption und ähnliche für einen Politiker typische Delikte. Aber er hat ja noch seine Carla. Und/oder Angela. Nicolas' Nachnachfolger Emmanuel Macron stellt sich da etwas geschickter an, auch wenn dessen Ehefrau Brigitte trotz des Erreichens des Rentenalters mindestens so blitzlichtgeil ist wie Sarkozy und Macron zusammen. Macron macht aber meist eine souveräne Figur. Wenn ihm Donald Trump nicht gerade die Schuppen vom Jackett wischen muss.

Solche Probleme hat der dänische Ministerpräsident Lars Løkke Rasmussen nicht. Denn Trump dürfte erstens gar nicht wissen, dass Dänemark überhaupt existiert. Und zweitens hat Rasmussen ganz andere Probleme. Der Mann, der auch einige Jahre als Gesundheitsminister seines Landes amtierte, gilt nämlich als Freund der feuchtfröhlichen Feier, die Minibar des Regierungsjets soll nach einer Reise amtliche Löcher aufweisen. Aber Rasmussen betreibt noch ein zweites Hobby, er ließ sich über lange Zeit nicht nur seine Zigaretten von den Steuerzahlern erstatten, er installierte auch eine über 20.000 Euro teure Raucherkabine in seinem Büro. Kommt in der heutigen Zeit natürlich nicht mehr so gut an. Mal gut, dass Willy Brandt das nicht mehr erleben musste.

VON PENETRIERTEN STAMMBÄUMEN, MUTIERTEN MISTKÄFERN UND SCHARFEN DINGEN AN FALSCHEN STELLEN: DIE BLAMABELSTEN PANNEN BEIM SEX

Wer sich ausführlich über die schlimmsten Sexpannen informieren möchte, sollte sich an die Krankenschwester oder den Rettungsassistenten seines Vertrauens wenden. Was diese Berufsgruppen in ihrem Alltag sehen müssen, toppt die Vorstellungskraft der meisten Menschen locker. Manche Sachen sind einfach nur sehr ekelig, andere verdammt lustig. Wir wollen uns an dieser Stelle auf die zweite Kategorie konzentrieren (hauptsächlich jedenfalls) und mit einer Geschichte beginnen, die so relativ häufig passiert. Mann sucht außerehelichen Verkehr, geht in ein entsprechendes Etablissement und bespringt sogleich eine Dame. Jene bekommt einen Krampf an unglücklicher Stelle, der sich weder mit Gleitmitteln noch guten Worten beheben lässt. Die beiden ineinander Verkeilten müssen zwangsläufig um Hilfe bitten; als selbst der Türsteher und die kräftig gebaute Lola von der Bar die beiden nicht auseinanderbekommen, bleibt nicht mehr viel, als die Profis ranzulassen. Die schaffen es dann auch, das auf Zeit angelegte Paar zu trennen, nur leider ist die Sanitäterin eine Volleyball-Freundin der Ehefrau des Mannes. Und so kommt am Ende alles raus, obwohl zu Beginn der Geschichte gar nichts mehr rauswollte.

Aber auch eheliches Vergnügen kann peinlich werden, zumal wenn Kinder im Haus sind, die des aufrechten Ganges mächtig sind. Oft ist es der Schutzinstinkt des Nachwuchses, der sie dazu bringt, die verschlossene Tür zum elterlichen Schlafzimmer zu öffnen. Mama hat doch gerade gestöhnt und um Hilfe gerufen?

Eltern mit guten Nerven ziehen die Nummer einfach durch und hoffen, dass das Kind a) bald verschwindet und b) morgen glaubt, es habe irgendwelchen Unsinn geträumt. Schreckhaftere Vertreter halten sofort inne, bedecken ihre Blöße und versuchen mitten in der Nacht ein Gespräch mit dem Kind zu führen. Das hört je nach Alter und Umfeld nichts oder sehr viel verstörendes Neues. Mag pädagogisch vielleicht der bessere Weg sein, ist aber für alle Beteiligten anstrengend und mindestens genauso unangenehm. Wer seine Eltern einmal »dabei« erwischt hat, vergisst es sowieso nie wieder. Gleiches gilt aber auch andersherum. Wenn Teenager ihre ersten körperlichen Erfahrungen machen, sei es allein oder zu zweit (oder zu dritt oder usw. usf.), empfiehlt es sich dringend, vorher die Tür abzuschließen. Platzt Mutti doch in die Szenerie, wird sie nach einer Schocksekunde, die ihr vorkommt wie ein halber Monat, auf dem Absatz kehrtmachen und die Tür leise schließen.

So haben beide Seiten etwas gesehen, was sie nicht sehen sollten. Und sie werden einen Teufel tun, jemals wieder davon zu sprechen. Es sei denn, die andere Seite fängt damit an.

Probleme eher handwerklicher Natur stellen sich häufig ein, wenn Kondome nicht die Aufgabe erfüllen, die sie eigentlich erfüllen sollten. Sportkamerad Franck Ribéry, seines Zeichens gut bezahlter Fußballer, führte das 2019 in einem Tweet in der ihm eigenen Gossensprache aus. Der streitbare Franzose mit dem aparten Äußeren hat wenige Tage zuvor ein Bild von einem mit Blattgold überzogenen Steak gepostet, das er sich gerade für 1.200 Ocken geleistet hatte. Die Reaktionen seiner »Anhänger« reichten von »Coole Aktion« bis »Arroganter Geldsack«. Die negativen Kommentare schmeckten Monsieur überhaupt nicht, also holte er bei Twitter zum Gegenschlag aus. Dort stellte er fest, dass all seine Neider und Hater durch ein löcheriges Kondom entstanden sein müssen (weil sie sonst ja niemand gewollt haben kann). Zudem gab er seinen Gegnern mit auf den Weg, sie mögen verschiedene Verwandte und schließlich ihren kompletten Stammbaum ficken. Der Tweet als solcher ist natürlich schon blamabel hoch zehn, der letzte Hinweis lässt aber doch noch mal innehalten. Den eigenen Stammbaum penetrieren. Hm. Ins nächstgelegene Astloch? Wo steht so ein Stammbaum überhaupt? Und was sagen die vor Hunderten von Jahren gestorbenen Verwandten zu dem Akt, die als Porträts an den Ästen baumeln? Der olle Froonk mag ein ganz passabler Fußballer (gewesen) sein, in Sachen Verbalakrobatik gehörte er aber von Anfang an in die Kreisklasse.

Doch verweilen wir noch einen Moment beim Präservativ, lassen es in diesem Fall aber nicht platzen, sondern vom eigentlichen Bestimmungsort abrutschen und in den unendlichen Weiten des weiblichen Körpers verschwinden. Hey, was ist das für eine (nicht sexuelle) Fummelei, bis dieses blöde Ding wieder ans Tageslicht kommt. Viel schlimmer ist es allerdings, wenn nicht das Kondom, sondern der Partner ins Rutschen kommt. Der Verfasser dieser

Zeilen verbrachte mal einen typischen Pärchenurlaub im schönen Dänemark. Ein Teilnehmer hatte seine brandneue Freundin mitgebracht, dementsprechend eilig hatten es die beiden, in ihr Schlafgemach zu kommen. Der Rest von uns war schon etwas länger verbandelt und trank noch ein gemütliches Bier im gemeinsamen Wohnraum, als ein krachendes Geräusch die friedliche Holzhütte an der Ostsee erschütterte. Es hörte sich an, als sei nebenan ein Panzer durch die Wand gebrochen. Wir stürmten ohne anzuklopfen ins Zimmer der beiden Turteltauben und fanden sie lachend auf dem Bett sitzend vor. Er hingegen klemmte splitterfasernackt zwischen Bett und (ausgeschaltetem) Heizkörper mit dem Gesicht nach oben und strampelte mit seinen Extremitäten wie ein mutierter Mistkäfer. So muss Gregor Samsa ganz zu Beginn der Geschichte von Kafkas *Verwandlung* ausgesehen haben, ging es mir durch den Kopf. Offensichtlich hatte unser Freund versucht, seine neue Flamme mit ein paar extravaganten Moves zu beeindrucken, was irgendwie danebengegangen war. Wir befreiten ihn mit vereinten Kräften aus der misslichen Lage. Die Bilder dieses Abends werden wir allerdings alle mit auf die Totenbahre nehmen.

Dabei soll es durchaus Menschen geben, die Zuschauer beim Sex mögen. Ob beim Schäferstündchen in den Auen, wo zufällig vorbeikommende Jogger außer Tritt geraten, oder im Swingerklub, wo sich die heiße Blondine auf der Couch gegenüber bei genauerem Hinsehen als die mopsige Bäckersfrau aus der Nachbarschaft entpuppt, die einen morgens beim Brötchenholen immer anschnauzt und dabei gerne ihren verfaulten Schneidezahn präsentiert. Aber niemand ist beim Beobachten sexueller Aktivitäten so ausdauernd wie Haustiere. Vor allem Hunde und Katzen scheinen in dieser Hinsicht einen angeborenen Instinkt zu besitzen. Sofern nicht rechtzeitig ausgesperrt, kommen sie schon während des Vorspiels ins Zimmer scharwenzelt, hocken sich auf ihre vier Buchstaben und verfolgen das Geschehen mit unverhohlenem Interesse. Eine Freundin von mir besaß drei Katzen, die sich genau so verhielten wie eben beschrieben. Wie Hühner auf der Stange hockten die drei Fellgesichter aufgereiht nebeneinander und rührten sich nicht, bis das Schauspiel seinen Höhepunkt gefunden hatte. Der Versuch, die drei grünlich schimmernden Augenpaare zu ignorieren, fiel mir immer schwerer, zumal ich den Eindruck hatte, dass mir mindestens ein Tier nach Beendigung der Einlage einen mitleidigen Blick zuwarf, bevor es sich in ein anderes Zimmer verdrückte, um zu schlafen. Können Katzen eigentlich träumen? Noch schlimmer kommt es allerdings, wenn Bello oder Hasso (meist sind es wohl wirklich Hunde) es nicht beim Zuschauen belassen, sondern mitspielen wollen. Viel peinlicher kann es dann eigentlich nicht mehr werden.

Es sei denn, der Partner, der sich gerade um eine ordentliche Note in der mündlichen Prüfung bemüht, ist leidenschaftlicher Kaugummi-Konsument. Wenn es sich so ein klebrig-zähes Ding erst mal unter der Vorhaut bequem gemacht hat, sind die nächsten Stunden verplant. Allerdings nicht mit Sex. Überhaupt ist die Verbindung von Lebensmittel und empfindlichen Körperstellen immer für eine Blamage gut. Und damit ist nicht mal die Zweckentfremdung von Gurken und Karotten gemeint. Wer eben noch mit Chilischoten oder scharfen Soßen (Tabasco und aufwärts) hantiert hat, sollte sich die Hände gründlich waschen, bevor er oder sie bei sich oder anderen Hand anlegt. Ansonsten endet die Nummer nämlich nicht mit einem nassen Höschen, sondern mit nassen Augen. Und das sind keine Freudentränen, das kann ich versichern.

Schmerzhaft kann es für den Mann aber auch ohne unsere Freunde Chipotle und Habañero werden, denn Frauen haben Zähne und bisweilen ziemlich lange Fingernägel. Ein Freund hatte sich eine ganz besonders »scharfe« Dame ausgesucht, die ihm dann auch prompt sein bestes Stück blutig kratzte. So weit, so unangenehm, seine Gespielin versuchte das Malheur zu begrenzen, indem sie einen Verband um den Willi band. Der war von der kompletten Prozedur dermaßen abgeturnt, dass er massiv zu schrumpfen begann, der Verband rutschte wieder ab und das Blut tropfte weiter auf die Laken. Sie kramte ein Heftpflaster hervor, das die Blutung notdürftig stoppte. Mein Kumpel bemerkte in diesem Moment, dass sein Gegenüber immer noch nackt war. Und da sein Schwengel auch gar nicht mehr so sehr wehtat, wurde er auch gleich wieder geil, was sein Schwellkörper mit raschem Wuchs beantwortete, sodass das Pflaster keinerlei Wirkung mehr zeigte. Ich weiß nicht, wie lange die beiden dieses Spielchen getrieben haben und wie viel Blut mein Kumpel dabei verloren hat. Das Bett soll allerdings ausgesehen haben, als hätte hier eine Neuverfilmung des *Texas Chainsaw Massacre* stattgefunden. Scharf bedeutet halt nicht automatisch gut.

Gut ist es auch nicht, in fremden Häusern zu pimpern, sich auf der Suche nach Gleitmittel durch die Hausapotheke zu wühlen und dann ausgerechnet die Nitroglycerinsalbe zu greifen. Einem jungen Pärchen soll es so ergangen sein, die beiden schmierten sich an den richtigen Stellen ausgiebig mit dem Zeug ein und … Nein, sie explodierten nicht, das passiert nur in Comics. Nitroglycerinsalbe besitzt wundheilende Wirkung, senkt als Nebeneffekt aber drastisch den Blutdruck. Im besten Fall hätten die beiden nur schlimme Kopfschmerzen bekommen, aber da sie so großzügig mit der Salbe umgegangen sein mussten, fielen beide in Ohnmacht. Der Hausbesitzer fand sie nackt, der Romeo hielt die Salbe noch in der Hand. War anschließend sicher ein spannendes Gespräch. Wie es auch die Frau mit ihrem Arzt geführt haben dürfte, die unbedingt mal Liebeskugeln ausprobieren wollte, sich aber nicht in einen Sexshop traute. Onlineshops traute sie auch nicht, also nahm sie einfach eine von Oma geerbte Perlenkette, die dafür natürlich nicht hergestellt worden war und prompt riss. Es muss wohl eine Zeit gedauert haben, bis alle Perlen wieder aufgetaucht sind. Laut Umfragen ist den meisten Frauen der sogenannte »Scheidenfurz« im Bett immer noch am peinlichsten. Aber ob es wirklich angenehmer ist, wenn einem ein Arzt die Familienerbstücke aus dem Körper pulen muss? Ist wahrscheinlich Geschmackssache.

VON FREMDEN STIMMEN, PAPAGEIEN AUF EINKAUFSTOUR UND CARTMANS RACHE: DIE PEINLICHSTEN ERLEBNISSE MIT SPRACHASSISTENTEN

Sprachassistenten wurden einst erfunden, um uns auszuspionieren ... quatsch, um uns das Leben zu erleichtern. Statt mühevoll selbst Knöpfe zu drücken und Tasten zu verfehlen, reicht es im frühen 21. Jahrhundert völlig, einigermaßen geradeaus sprechen zu können. Den Rest erledigt dann der Assistent. Da kommt Mann oder Frau müde von der Arbeit, schließt die Wohnungstür auf, schmeißt die Aktentasche in die Ecke und richtet eine klare Ansage in die leeren vier Wände: Alexa, mach die Kaffeemaschine und den Fernseher an, dämpfe das Licht, leichter Blauschatten, Heizung auf exakt 22,5 Grad, führ den Hund Gassi und koch mir ein Rehgulasch an ondulierten Straußeneinudeln auf einem Teppich aus Kartoffelkloß. Und zwar z.z., ziemlich zügig. Ja, so sieht es aus, unser verrücktes Leben in der Zukunft. Na ja, gut. So sollte es aussehen. Tatsächlich machen Alexa, Siri, Cortana, Bixby und wie sie alle heißen aber mitunter Dinge, die ihnen niemand gesagt hat. Das hoffen wir zumindest. Peinlichkeiten mit Sprachassistenten passieren allerdings zuhauf.

Das fängt schon damit an, dass diese Dinger ihre ureigensten Aufgaben nicht beherrschen. In der Werbung, egal von welchem Hersteller, hockt grundsätzlich ein Menschlein in seiner Wohnung und möchte aus irgendwelchen Gründen unbedingt dieses eine Lied hören. Das Werbegesicht lehnt sich zurück, spricht seinen elektronischen Assistenten an, und schon läuft der Song in brillanter Qualität. Ist natürlich Humbug, die Dinger spielen das ab, worauf sie gerade Lust haben. Als Siri 2015 öffentlich präsentiert wurde, forderte der Marketingchef Phil Schiller dieses technischen Wunderwerks sein Baby auf, ihm einen bestimmten Song aus dem Film *Selma* zu spielen. Siri spielte einen anderen. Da half kein Bitten und kein Betteln, die sympathische Stimme Siri wollte jetzt die Band Imagine Dragons hören. Und da sie am längeren Hebel saß, musste Schiller gehorchen. Sehr zur Belustigung der anwesenden Journalisten. Weniger lustig finden es Eltern, wenn sich der Nachwuchs irgendein Kinderlied wünscht, den Titel nicht so genau aussprechen kann, mit etwas Fantasie Schweinkram dabei herauskommt und das System plötzlich die Funktionsweise von Anal-Dildos und Buttplugs erklärt. Erstaunlicherweise passiert dies wohl gar nicht mal selten.

Der Sprachassistent Alexa nimmt es hingegen nicht ganz so genau mit der Datensicherheit. Wer das Programm um eine Auskunft bittet, zum Beispiel über das Amazon-Gerät Echo, muss damit rechnen, dass seine Anfragen nicht nur gespeichert werden, sondern aus Versehen auch bei anderen Menschen landen. So geschehen kurz vor Weihnachten 2018, als ein Amazon-Kunde sich bei der Firma meldete und wissen wollte, welche Daten der Konzern von ihm denn so gespeichert habe. Er bekam ein mächtiges Datenpaket, darunter auch mehr als tausend Befehle und Anfragen, die er Alexa gestellt hatte. Der Clou an der Sache: Der Mann besaß überhaupt keine Alexa, dafür hatte er jetzt Zugriff auf Anfragen völlig fremder Menschen. Und die stammten zum Teil nicht nur aus der Küche (»Alexa, wie macht man Spiegelei?«), sondern durchaus auch aus Schlafzimmern (»Alexa, beschreibe mir die Kamasutra-Figur 77 ganz genau«, »Alexa, wie bekomme ich die Hand da wieder raus?« usw.). Mal gut, dass sich die Stasi aufgelöst hat.

Dafür reagiert Alexa auf Sprachen wirklich gut. Sogar auf etwas kratzigere Organe. In Großbritannien hockte sich ein Graupapagei vor den Lautsprecher, aktivierte ihn mit seiner Stimme und landete bei Amazon, wo das Vogelvieh nun munter einzukaufen begann. Die Besitzer hatten allerdings Glück, der Papagei erwies sich als äußerst genügsam (er war mit seinen Krächzlauten in der Rubrik »Verpackungen« gelandet) und orderte nur Ware im Wert von etwas mehr als 10 Euro. Wenn die Leute bei Amazon clever wären, würden sie alle Laute, die grob nach Papagei, Hund, Katze oder Kanarienvogel klingen, direkt mit der Schmuckabteilung verbinden. »Sie haben soeben ein Diamantcollier im Wert von 86.000 Euro in den Warenkorb gelegt. Möchten Sie nun kostenpflichtig bestellen?« – »Wuff!« – »Wir bedanken uns für Ihren Einkauf.«

Ein relativ neues Mysterium kam Anfang 2018 auf und betraf wiederum Alexa. Das Gerät schaltete sich nachts von alleine ein und begann wie eine Hexe zu lachen. Anschließend reagierte es auf keinen Befehl mehr. User weltweit berichteten von dem un-

heimlichen Gelächter, manche filmten es sogar. Amazon bestätigte das Problem offiziell, sprach von einem Software-Fehler und versprach, die nächtlichen Lachattacken zu beheben. Derweil können sich ausgebildete Exorzisten noch ein paar Euro nebenbei verdienen und den Teufel aus Software und/oder Hardware austreiben.

Die größte Gefahr für Sprachassistenten ist allerdings das Fernsehen. Da kommen nämlich menschliche Stimmen raus, auf die die Automaten sofort anspringen. In einer Nachrichtensendung auf dem US-Sender CW6 zitierte der Sprecher Jim Patton in einer Meldung über ein kleines Mädchen, das sich über einen Sprachassistenten ein teures Puppenhaus bestellt hatte, genau die Worte der Kleinen. In diesem Moment sprangen in den USA Tausende von Geräten an, die alle umgehend ein Puppenhaus bestellten. Die Retourenflut nahm biblische Ausmaße an. Manche saßen zufällig vor dem Fernseher und konnten das Gerät noch stoppen. Wer gerade auf dem Klo oder im Keller war, wunderte sich Tage später über die seltsame Lieferung.

Die Schlabber-Buletten-Profis von Burger King versuchten sich diesen Umstand zunutze zu machen und bauten in einen ihrer Werbespots eine Anweisung an »Google Home« ein. Der Clip war längst zu Ende, da dozierte das nervige Gerät in aller Ausführlichkeit über die Beschaffenheit eines Whoppers. Sollte den Menschen wohl Appetit machen, tatsächlich fanden es die meisten zum Ko… Google reagierte innerhalb weniger Stunden und machte seine Geräte für den Clip unempfindlich. Bei der Einführung von Google Home versuchten die Macher selbst, ungewollte Werbung einzubauen. So plärrte das Gerät vollkommen ohne Vorwarnung los und kündigte einen neuen Disney-Film an. Nachdem mehrere Kunden fast einen Herzinfarkt bekommen hatten, flog die Werbung wieder raus.

Wirklich cool gingen die Macher der Cartoon-Serie *South Park* mit dem Phänomen um. Als 2017 die neue Staffel anlief, zeichneten sie dem Hauptcharakter Eric »Kampfkoloss« Cartman so einen

Sprachassistenten auf den Schreibtisch. Wer Cartman kennt, weiß, dass dieser natürlich damit experimentieren muss. Und zwar auf seine Art. Erst stellte er ganz harmlos seinen Wecker, später brachte er das System dazu, »Leck meine haarigen Eier« zu brüllen. Die Befehle (und einige andere Schweinereien mehr) passten genau zu Alexa und Google Home, Tausende echte Geräte reagierten auf die Befehle. So klingelten in den USA am nächsten Morgen in aller Herrgottsfrühe die Wecker, während andere Geräte den wunderschönen Cartman-Satz durch die Wohnung plärrten. Realer kann Realsatire nicht mehr sein.

VON ROHEN NACKENLAPPEN, BALKON-BEKANNTSCHAFTEN UND WEIT ENTFERNTEN PARKBÄNKEN: DIE PEINLICHSTEN PANNEN UNTER ALKOHOLEINFLUSS

Wer hat es in seinem Leben noch nicht erlebt: Da kommt man um zwei Uhr morgens gut gelaunt von einer Party und hat plötzlich die Idee, seinen geliebten Schatz noch mal anzurufen, um ihm oder ihr zu sagen, dass man toootal verliebt ist. Schatz nimmt den Hörer auch ab, zeigt sich aber wenig begeistert von der nächtlichen Zuneigungsattacke. Schon geschlafen, morgen früh wichtige Termine und so. Man legt ein wenig zerknirscht auf, fühlt sich unverstanden, schließlich sollte es ja eine Geste der Liebe sein, dieser Anruf. Nach einigen weiteren Minuten des Überlegens (und vielleicht noch einem kleinen Absackergetränk) kommt dann die Reue. Das Gegenüber hat vollkommen recht, mitten in der Nacht aufgeschreckt zu werden ist unangenehm. Man denkt ja automatisch immer gleich das Schlimmste. Vielleicht ein Autounfall des Bruders, oder Vatterns Herz will plötzlich nicht mehr. Und so etwas hat man gerade erst seinem Schatz angetan? Unverzeihlich. Also noch mal das Telefon gegriffen, die altbekannte Nummer gewählt und sich mit nur ganz dezent leiernder Stimme für den Fauxpas entschuldigt. Zwischen den beiden Anrufen ist fast eine Stunde vergangen, Schatz war längst wieder eingeschlafen und zeigt sich mittlerweile ernsthaft erzürnt. Man legt den Hörer ein wenig zerknirscht auf, fühlt sich unverstanden, schließlich sollte die Entschuldigung ja eine Geste der Liebe …

Unter Alkoholeinfluss haben die wenigsten Menschen wirklich gute Ideen. Es gibt die, die sich auf Partys hackedicht im Klo einschließen und einpennen, während sich draußen die Gesellschaft vor dem einzigen Abort versammelt und überlegt, wie sie die Tür möglichst schadensfrei eintreten kann. Oder solche, die auf dem Heimweg mit dem Fahrrad einen Flachköpper hinlegen, dann lauthals behaupten, der Sattel sei abgefallen, und nachdem alle (ebenfalls betrunkenen Freunde) eine Viertelstunde nach dem Sattel gesucht haben feststellen, dass dieser immer noch ordnungsgemäß am Fahrrad sitzt. Oder jene, die sich nach dem übermäßigen Genuss von Appelkorn und Co. grundsätzlich in Tiere verwandeln. Manche fallen auf alle viere und beginnen zu bellen. Andere halten sich für Pinguine, Gänsegeier, Mistkäfer oder Schwäne, was bei Umstehenden bisweilen zu Verwirrungen führen kann. Und dann gibt es die Gruppe derer, die (zumeist auf Festivals) vor dem Grill steht (beziehungsweise schwanken) und nach drei Sekunden nach dem Nackensteak greifen, weil ihnen die ganze Prozedur zu lange dauert. Jene Kandidaten, und von denen gibt es eine ganze Menge, würgen sich den Fleischlappen samt all seiner mikroskopisch kleinen Mitbewohner roh hinter die Kiemen und wachen dann in der Regel mit ausgepumpten Magen auf einer Krankenstation auf. Schade um den schönen Alkohol, der in den Stunden zuvor ganz umsonst vernichtet wurde.

Peinlich kann es auch in gemischtgeschlechtlichen Gruppen werden, wie der Autor dieser Zeilen aus eigener Erfahrung zu berichten weiß. Im Rahmen einer Lesereise mit der heute schon völlig zu Recht mystisch verklärten Gruppe »Read 'Em All« saß man mit drei so männlichen wie ordentlich abgefüllten Autoren und dem keinesfalls nüchternen Tourmanager im gemeinsam gemieteten Appartement zusammen, während der Uhrzeiger die Geisterstunde schon längst hinter sich gelassen hatte. Mit am Tisch eine Dame aus dem Club, in dem »Read 'Em All« Stunden zuvor nach eigenem Ermessen die beste Lesung des Jahrzehnts abgeliefert hatten. Diese Frau, nennen wir sie Melanie, war aus reiner Höflichkeit mitgekommen, bei den drei fest verbandelten Mittvierzigern bestand auch keine Gefahr von sexistischen Sprüchen und mehr. Sollte man meinen. Aber Teufel Alkohol hatte an diesem Abend richtig Lust, also ließ er die vier Herren darüber philosophieren, welcher edle Recke denn zuerst bei Melanie landen könnte, als selbige auf dem Klo war. Um nicht die nächste MeToo-Debatte loszutreten, es war reines Maulheldentum und nicht ernst gemeint. Nicht schön, von mir aus, aber eben gelebtes Leben. Melanie erschien wieder im Zimmer, die Gespräche gingen weiter. Selbstverständlich auf allerhöchstem und politisch korrektem Niveau. Ich glaube mich zu erinnern, dass wir die Heisenbergsche Unschärferelation besprachen. Egal, irgendwann viel später verzog sich ein gewisser Till Burgwächter auf den Balkon, um seine Nikotinsucht zu befriedigen. Es herrschte absolute Dunkelheit auf der großen Terrasse, nur in einer Ecke glomm eine weitere Fluppe auf. Der Autor dieser Zeilen hielt den schmächtigen Schatten für seinen stets zu wenig essenden Tourmanager und fragte lallend, ob denn in Sachen »Melanie-Klarmachung« irgendwelche Fortschritte zu verzeichnen seien. Als das Feuerzeug des Gegenübers aufflammte, war klar, dass Melanie höchstselbst der schmächtige Schatten war. Sie ging wortlos vom Balkon, aus dem Zimmer und aus der Wohnung, alle vier Herren nickten sich ebenso wortlos zu und verschwanden in ihren Kemenaten. Welch blamables Ende eines triumphalen Abends. Trotzdem muss festgehalten werden, dass »Read 'Em All« nach einer gewissen Anstandspause wieder in dem Örtchen auftraten und Melanie dabei war. Ende gut, alles gut.

Das gilt natürlich nicht für alle unter Alkoholeinfluss fabrizierten Peinlichkeiten, was ziemlich gut ist. Schließlich würde sonst niemand etwas daraus lernen. Vor allem im Straßenverkehr, wo mit Alkohol definitiv nicht zu spaßen ist. Deshalb nehmen sich vernünftig abgefüllte Menschen auch ein Taxi, fahren über eine gottverlassene Landstraße in Hessen und sind guter Dinge, bis der Kollege, der direkt hinter dem Fahrer sitzt, selbigem in den Nacken reihert. Es soll die insgesamt drei Insassen den kompletten Inhalt ihrer Portemonnaies und viele gute Worte gekostet haben, dass der Chauffeur nicht handgreiflich wurde. So eine einsame hessische Landstraße morgens um drei zu Fuß zu bewältigen ist allerdings auch nicht im Sinne der Verkehrswacht. Ein anderes Taxi anzuhalten traute sich aber auch niemand. Noch cleverer stellte sich ein junger Mann an, der von der Polizei reichlich alkoholisiert und mit Blut auf dem weißen T-Shirt in einem Park aufgegriffen wurde. Der Typ zeigte sich auch den Beamten gegenüber aggressiv, bestritt aber vehement, etwas mit dem Überfall auf einen anderen Mann auf einem nahe gelegenen Parkplatz zu tun zu haben. Da das Opfer von dem Angriff überrascht worden war und keine genauen Angaben zum Angreifer machen konnte, mussten die Grünen den immer noch vor sich hinschimpfenden Unsympathen laufen lassen. Sie erteilten ihm allerdings einen Platzverweis, deshalb setzte sich der junge Mann auf sein Fahrrad und fuhr davon. Die Polizisten warteten, bis der Vorderreifen des Rades eine öffentliche Straße berührte, hielten den verdutzten Mann ein weiteres Mal an und ließen ihn pusten. Deutlich mehr als die noch tolerierten 1,6 Promille, die für Radler gelten. Der Mann wurde einkassiert; später stellte sich heraus, dass er auch für den Überfall auf dem Parkplatz verantwortlich war. Betrunken Straftaten zu begehen ist also keine besonders gute Idee.

Zu saufen, bis einem die Wahnvorstellungen einen Streich spielen, allerdings auch nicht. So geschehen bei einem live miterlebten Geschäftsausflug, der für einen Kollegen im angedeuteten Delirium endete. Da man zwar auf dem gleichen Hotelflur, aber in verschiedenen Zimmern untergebracht war, kein Problem. Am nächsten Morgen machte sich der feine Herr Autor frisch geduscht auf den Weg zum Frühstück und wäre fast über den Kollegen gestolpert. Der lag mit Matratze, Kopfkissen und Decke auf dem Gang. Seine Begründung: In seinem Zimmer würden Geister wohnen, er habe sie in der Nacht zuvor genau gesehen. Nach genauer Inspektion des Raumes konnte Entwarnung gegeben werden, der Kollege hatte trotzdem (oder gerade deswegen) keinen Appetit aufs Frühstück.

Doch was der kleine Mann von der Straße beherrscht, beherrschen unsere Promis natürlich mindestens ebenso gut. Nur eben mit einer Spur mehr Hollywood. 2012 zum Beispiel setzte sich der österreichische Kicker Marko Arnautović, damals in Diensten von Werder Bremen, in der Nähe von Wien in vermutlich angetrunkenem Zustand in seinen Flitzer und wurde von einer Streife angehalten. Ungehalten über diese Majestätsbeleidigung, fragte der Fußballer den Beamten, wie viel der denn verdiene, um anschließend zu erklären, er (Arnautović) könne das Leben des Polizisten kaufen und sei sowieso was Höheres. Ganz schön große Klappe für einen 23-jährigen Balltreter. Die US-amerikanische Schauspielerin Reese Witherspoon gerierte sich ein Jahr später ähnlich, als ein Cop ihren angetrunkenen Ehemann stoppte und sie vom Beifahrersitz aus in Richtung Staatsmacht giftete, man wisse wohl nicht, mit wem man es hier zu tun habe. Der Polizist verneinte, worauf die

Oscar-Gewinnerin zeterte, das werde er schon noch herausfinden. Frau Witherspoon bekam die Acht auf den Rücken und durfte auf einer Polizeistation ausnüchtern. Später gab sie in Interviews an, an diesem Abend wohl ein Glas Wein zu viel getrunken zu haben. Das Polizeivideo, das den Weg ins Internet fand, lässt eher auf eine Kiste Wein schließen.

Schauspielkollege Danny DeVito, eigentlich noch zu klein und schon zu alt für solche Späßchen, erschien hackedicht zum Interview beim Frühstücksfernsehen. Auf die Frage des Moderators, warum DeVito denn schon am frühen Morgen betrunken sei, erklärte dieser mit einem seligen Grinsen, er habe am Abend zuvor ein paar Gläser mit seinem Kumpel George Clooney gekippt und der Zitronenlikör sei ihm nicht gut bekommen. Anschließend erklärte der Mime feierlich, dass sein Sexleben scheiße und er eine Niete im Bett sei. So hatten wenigstens alle noch was zu lachen. Mel Gibson hingegen ist nicht mehr lustig, sondern einfach nur noch extrem peinlich. Der australische Ex-Superstar legte in den letzten 15 Jahren diverse miese Auftritte hin. Ob er bei einem Treffen der Anonymen Alkoholiker über Stühle stolperte und andere Teilnehmer zu Boden riss, bei einer Verkehrskontrolle Polizisten beschimpfte oder antisemitischen Bullshit von sich gab, er wirkte mit jeder Meldung noch ein bisschen unsympathischer. Da waren die Kerle in den Siebzigern doch aus anderem Holz geschnitzt. Als der Lautern-Profi und spätere Trainer Klaus Toppmöller seinen Ferrari ins pfälzische Unterholz setzte und einen Totalschaden verursachte, versteckte er sich einfach in Unfallnähe im Wald. Dort blieb er nach eigenen Angaben volle 14 Stunden hocken, bis sein Alkoholpegel nach eigenem Empfinden wieder annehmbare Werte ergab. Ein perfider Plan, den ein gewisser Lothar Matthäus Jahre später ähnlich umsetzte. Die Polizei behauptete damals, er habe sich vom Unfallort entfernt. Lothar erklärte, er habe nur eine Parkbank gesucht, um sich auszuruhen. Und die nächste Parkbank stand nun mal ein Stückchen entfernt.

Am Ende aber ist es egal, ob Schauspielerin Jennifer Lawrence rotzevoll bei Madonna ins Wohnzimmer kotzt, David Hasselhoff versucht, im Liegen einen Burger zu essen, Robert Downey Jr. (neben unzähligen anderen Fehltritten) besoffen wie zehn Matrosen bei seinen Nachbarn einbricht, um sich dort nackt ins Bett zu legen, Shia LaBeouf einem panisch flüchtenden Obdachlosen hinterhertorkelt, um ihm »Gutes« zu tun, oder Til Schweiger schief grinsend aus einer Kneipe stolpert, um zu reden, wie er immer redet – am Ende ist nur wichtig, dass keine Unschuldigen verletzt wurden. So hat der Boulevard was zu schreiben und wir was zu lachen. Bis es uns beim nächsten Mal wieder selbst erwischt.

VON GÖTTLICHEN HINTERTEILEN, MILLIARDEN VON SCHWACHSINNIGEN UND BEZAHLTEN PROTESTLERN: DIE BLAMABELSTEN PROMI-TWEETS IM NETZ

Als Twitter im Jahr 2006 an den Start ging, etablierte sich eine weitere Plattform, auf der Unternehmen, Stars und Privatpersonen ihre unbedeutenden Ansichten im Telegrammstil in die Welt pesten durften. Damals hatte noch niemand damit gerechnet, dass es mal einen US-Präsidenten geben könnte, der den Dienst zur Übermittlung all seiner Gedanken und Befindlichkeiten nutzen könnte. Fremdschämen im Minutentakt. Aber natürlich ist diese Disziplin nicht die alleinige Domäne von Donald Trump, unzählige Nutzer tun es ihm gleich und machen sich vor aller Welt (oder zumindest vor ihren »Followern«) zum Gespött. Ganz freiwillig und mit wachsender Begeisterung. Vielleicht brauchen diese Menschen einfach diese 15 Sekunden Internet-Berühmtheit.

So wie die PR-Agentin Justine Sacco, die im Jahr 2014 beruflich von London nach Afrika flog. Die blonde Business-Frau setzte vor ihrem Trip noch eine Nachricht bei Twitter ab, die sie weltberühmt machte und im Wortlaut ungefähr so klang: »Bin auf dem Weg nach Afrika. Hoffentlich bekomme ich kein Aids. Mache nur Spaß. Bin weiß.« Und während Madame Sacco im Flieger saß, Champagner süffelte und wahrscheinlich dem Bordpersonal auf den Keks ging, verbreitete sich ihre Nachricht innerhalb weniger Stunden rund um den Erdball. Sehr zur Freude anderer Menschen, wie man sich denken kann. Als das Flugzeug landete und die britische Rassistin wieder Empfang hatte, musste sie feststellen, dass ihre Firma sie entlassen hatte. Man hätte ihr gewünscht, dass sie die nächsten Jahre in einem Krankenhaus im Sudan als Notfallschwester schuften muss, aber die Geschichte kommt in diesem Fall leider zu keinem Happy End. Denn Sacco wurde im Jahr 2018 von ihrer alten Firma wieder eingestellt und darf sich weiter als überlegenes weißes Wesen fühlen. Ein Fortschritt wäre es, wenn man ihr wenigstens das Diensthandy wegnehmen würde.

Nicht wirklich sympathischer (oder auch nur cleverer) präsentierte sich die griechische Dreispringerin Paraskevi »Voula« Papachristou, die es schaffte, als erste Athletin überhaupt wegen eines Tweets von den Olympischen Spielen ausgeschlossen zu werden. Herzlichen Glückwunsch dazu. Zwei Tage vor der Eröffnungsfeier 2014 in Athen lästerte die Sportlerin über afrikanische Emigranten in Griechenland und tweetete, die Mücken aus dem West-Nil-Gebiet könnten dank der vielen Einwanderer in Hellas mittlerweile speisen wie zu Hause. Das Olympische Komitee fand den rassistischen Ausrutscher nicht ganz so lustig und schickte das blonde Hüpfmädchen wieder zum Trainieren. Der Bann hielt allerdings nur für die Spiele 2014, anschließend durfte die scheinbar wenig Nächstenliebe empfindende Papachristou wieder bei internationalen Wettbewerben starten. In die Nähe des Nils traut sie sich aber wahrscheinlich nicht mehr, was weniger an den Mücken liegen dürfte.

Oder wie wäre es mit dem US-Schauspieler Ashton Kutcher? Der hätte alleine aufgrund seiner indiskutabel lahmen Rolle in der TV-Serie *Two and a Half Men* als Möchtegern-Ersatz für Charlie Sheen einen Eintrag in dieses Buch verdient. Aber wir kriegen den Schmierenkomödianten auch anders dran. Denn mit Daten hat es der ehemalige Toy Boy von Demi Moore nämlich auch nicht so. Am 11. September 2011, also exakt zehn Jahre nach den Terroranschlägen auf die USA, tweetete der Mime freudig, dass heute ja wohl der beste Tag des Jahres sei. Nachdem ihn einige seiner Follower vorsichtig fragten, wie er das denn meine (Kutcher stand bis zu diesem Moment nicht im Verdacht, ein islamistischer Flugzeugentführer zu sein), erkannte Ashton seinen Fauxpas und erklärte schnell, dass er den Start der Football-Saison meinte und man ihm nicht böse sein möge. Okay, nix als Sport im Kopf, während vor der Tür die Welt vor die Hunde geht. Das macht den Bengel ja fast schon wieder sympathisch. Das Heimatschutzministerium der USA hat seit diesem Tag trotzdem ein besonderes Auge auf den Kollegen. Immerhin hat er Kinder mit seiner Schauspielkollegin Mila Kunis, und die wurde in der ehemaligen Sowjetunion geboren. Äußerst verdächtig …

Aber wo wir gerade bei Charlie Sheen waren. Der wollte im gleichen Jahr seinem alten Kumpel Justin Bieber seine Telefonnummer schicken, kloppte die Geheimnummer aber (vermutlich nicht mehr ganz fahrtauglich) in seinen öffentlichen Verteiler. Zwei Minuten später explodierte Sheens Handy. Bleibt eigentlich nur die Frage, was blamabler ist: im Vollsuff seinen Account nicht im Griff zu haben oder Justin Bieber zu seinen engen Freunden zu zählen? Es läuft wahrscheinlich auf ein Unentschieden hinaus. Sängerin Jessica Simpson erscheint zumeist deutlich nüchterner, es darf nur nicht um ihren geliebten Ehemann Eric oder um ihren geliebten Herrgott gehen, da wird die texanische Trällerelse ein bisschen arg enthusiastisch. Manchmal schafft sie es auch, beide miteinander zu verbinden. So twitterte die Tochter eines Baptisten-Pfarrers ernsthaft, dass sie Gott dafür danke, ihr einen Mann mit einem so schicken Arsch geschenkt zu haben. Da wird sich der Allmächtige aber mächtig gefreut haben. Sollte es im Himmel Internetanschluss geben, gilt selbiges vermutlich für den Tweet des Ehemannes von Tori Spelling. Der wollte der Gemeinde das Gesicht seines kleinen Sohnes vorführen, »übersah« dabei allerdings, dass sich seine gelegentlich schauspielernde Göttergattin direkt dahinter barbusig auf der Couch rekelte. Warum Spelling ihre Plastikbomber nicht bedeckt hielt? Nun, liebe Leser: Wann haben Sie die Frau das letzte Mal in einer Fernsehserie oder in einem Film gesehen?

Männliche Fußballspieler sind in der Regel wesentlich häufiger in der Glotze präsent, was sie aber nicht davon abhält, regelmäßig in die Twitter-Falle zu tappen wie eine Rotte unterdurchschnittlich begabter Wildschweine. Ja, das Bild ist absichtlich gewählt. Denn viele Kicker verhalten sich genau so. Zum Beispiel der chinesische Torhüter Dalei Wang, der zwar bei eher unbekannten Vereinen wie Shandong Luneng Taishan oder Shanghai Greenland Shenhua sein Geld verdient, als Nationaltorwart aber einen gewissen internationalen Bekanntheitsgrad vorweisen kann. Den nutzt der junge Mann gerne, indem er Fans beschimpft, die gegnerischen und die eigenen. So mussten sich die Anhänger Japans bereits als »Haufen Hunde« bezeichnen lassen, während seine chinesischen Landsfrauen und -männer für Wang »ein Haufen Schwachsinniger« und der Grund dafür seien, warum Chinas Fußball sich nicht weiterentwickle. Sympathisches Bürschchen, vielleicht ein bisschen direkt. Wie auch der Schweizer Kicker Michel Morganella, der nach einer Niederlage seines Nationalteams gegen Südkorea die gegnerischen Spieler als »Mongos« bezeichnete, die er alle verprügeln und dann abfackeln wolle. Morganella durfte nie wieder für das Schweizer Nationalteam spielen, war aber ein Waisenjunge im Vergleich zum ehemaligen englischen Superstar Ashley Cole, der bei den Londoner Clubs Arsenal und Chelsea zu Weltruhm gelangte. Der stieg ihm allerdings in den Kopf, unter anderem schoss er in seiner Zeit bei Chelsea einem Praktikanten mit einem Luftgewehr aus zwei Metern Entfernung in die Seite. Kann ja mal passieren, ebenso wie zahllose andere Skandale, Orgien und Ausraster. Den Höhepunkt leistete sich Cole allerdings, als er seinen heimischen Verband, die Football Association, per Twitter als »einen Haufen Fotzen« bezeichnete. Das kostete den farbigen Verteidiger über 100.000 Euro, die Hälfte bekam er aber umgehend von seinem »Kollegen« Rio Ferdinand zurück. Der bezeichnete Cole auf Twitter als »Schoko-Eis« und zahlte für rassistische Umtriebe um die 50.000 Euro Strafe. Der ghanaisch-englische Profi Emmanuel Frimpong, eine Zeit lang ebenfalls bei Arsenal London tätig, beschimpfte hingegen einen einzelnen Fan auf Twitter. Okay, besagter Anhänger war zuvor nicht wirklich freundlich mit dem Mittelfeldspieler umgesprungen, aber den Mann als »Judenabschaum« zu bezeichnen wurde nicht nur in England äußerst kritisch gesehen. Zur Strafe »durfte« Frimpong anschließend in die russische Liga wechseln und versandete irgendwo zwischen Ural und Sibirien. Ach ja, rund 10.000 Euro musste er vorher trotzdem noch berappen. Der kanadische Eishockeyspieler Tyler Seguin wechselte hingegen freiwillig in die USA nach Dallas und machte sich dort gleich mal beliebt, indem er noch vor seinem ersten Spiel für seinen neuen Verein via Twitter verkündete, aus Texas würden nur Stiere und Schwule kommen. Besser kann man sich nicht einführen.

Doch machen wir uns nichts vor, all diese hoch bezahlten, von vielen verehrten und der menschlichen Gattung fast schon entrückten Stars und Sternchen sind nichts gegen den Meister aller Tweets.

US-Präsident Donald Trump funktionierte als erster Herrscher eines relevanten Staates den 2006 gegründeten Mikrobloggingdienst zum hauseigenen Verkündungsorgan um und dampft in seinen Statements hochkomplexe Vorgänge von internationaler Bedeutung auf maximal 280 Zeichen herunter. Und das obwohl Donald Trump nicht mal unter den Top Five der reichweitenstärksten Promis zu finden ist. Da tummelt sich neben Kate Perry oder Justin Bieber ausgerechnet sein Vorgänger Barack Obama. Egal, Hauptsache irgendwer liest mein Gestammel aus dem Weißen Haus überhaupt, wird sich der Präsident aller Präsidenten denken und gibt den ihm folgenden Affen tagtäglich kräftig Zucker. Da es für eine ansatzweise vollständige Würdigung des Trump'schen Werkes ein eigenes Buch brauchen würde, wollen wir uns hier auf einige Höhepunkte konzentrieren. So erklärte er unter anderem, die globale Erwärmung sei eine Erfindung der Chinesen, um die US-Wirtschaft zu schädigen (2012), verlegte die französische Hauptstadt Paris mal eben nach Deutschland (2016, wenn das der Führer noch …), erklärt im Stile eines Diktators die Medien seines Landes zu »Oppositionsparteien« und im gleichen Atemzug alle Anti-Trump-Demonstranten zu »Anarchisten« und »bezahlten Protestlern« (2017) und beschimpft mindestens einmal im Jahr einen Richter, der nicht so entscheidet, wie Seine Majestät das gerne hätte. Wäre dies nicht der Mann, der mit einem Knopfdruck ganze Staaten von der Landkarte wischen könnte, es wäre zum Schreien komisch. So müssen wir mit einem unguten Gefühl in der Magengegend lesen und hören, dass Belgien eine wunderschöne Stadt sei und die Dschihadistenmiliz IS von Barack Obama und Hillary Clinton gegründet wurde. Manchmal ist es besser, man lässt den Computer einfach mal ausgeschaltet.

VON PRÜGELNDEN PAZIFISTEN, SCHREIENDEN FANTA-ABHÄNGIGEN UND KLEINEN TELLERWÄSCHERN: DIE BLAMABELSTEN GESCHICHTEN VON UND MIT KINDERN

Kinder sind schon eine ulkige Erfindung: Sie sind total klein, halten sich aber für die Größten. Sie können nicht richtig sprechen, fordern aber, dass die ganze Welt ihnen zuhört. Sie verdienen kein Geld, wollen aber alles haben. Und außerdem sind die meisten ziemlich süß, wenn sie denn wollen. Manchmal wollen sie aber auch nicht, das ist dann der Moment, in dem größte Blamagegefahr herrscht. Denn trotz ihrer oben beschriebenen Nachteile in Sachen Größe, Artikulation und wirtschaftlicher Unabhängigkeit haben sie doch die Power, ihren Eltern, anderen Verwandten und gar völlig fremden Menschen die Schamesröte ins Gesicht zu treiben. Weil sie gnadenlos ehrlich, offen und bisweilen sogar anarchistisch sind. »Kinder an die Macht«, nuschelte Herbert Grönemeyer anno 1986 ins Mikrofon und landete damit immerhin auf Platz 33 der deutschen Single-Charts. Ob er seinen Text noch mal genauso schreiben würde, wenn er die nun folgenden Geschichten kennen würde? Keine Ahnung, aber ich wünsche den Lesern an dieser Stelle zumindest, dass sie keinen Ohrwurm von diesem furchtbaren Lied haben. »Gebt den Kindern das Kommando …«

Der Klassiker der peinlichen Kinderäußerung ist zweifellos die Frage des Stöpsels, ob die Frau oder der Mann da drüben bald ein Baby bekommt. Die fettleibigen Opfer lächeln, sofern sie die Äußerung mitbekommen haben, milde, manchmal tätscheln sie dem Frechdachs auch die Wange. Ein schnelles Gespräch mit dem anwesenden Elternteil über Belanglosigkeiten soll die peinliche Situation überspielen. In Wirklichkeit würden die Rundbäuche das Balg viel lieber anbrüllen, dass sie nicht schwanger sind, sondern an einer Drüsenkrankheit leiden, die nichts, aber auch gar nichts mit zu vielem oder zu fettem Essen zu tun hat, und es ist vererbt und überhaupt. Das wäre dann allerdings noch peinlicher, außerdem weiß der Zwerg ja nicht mal, was Drüsen sind.

Der lautstarke Hinweis auf getrocknetes Nasensekret, das einem Fremden aus der Nase baumelt, ist ein weiterer heiterer Zeitvertreib von drei- bis siebenjährigen Schlauköpfen, der Effekt ähnelt dem der Scheinschwangeren von eben. Gleiches gilt für Menschen mit Augenklappe, die umgehend zu Piraten erklärt werden, farbige Mitbürger (»Bist du aus Schokolade?«) oder anderen Zeitgenossen, die aus irgendwelchen Gründen nicht der »Norm« entsprechen. Peinlich kann es aber auch dann werden, wenn die kleinen Racker in ihrem kleinen Kopf Dinge durcheinanderbekommen und lauthals »Da sind Hexen!« rufen, wenn eine Gruppe von Nonnen die Straße herunterkommt. Da hilft es nur, das Kind auf die Seite zu ziehen und ihm ruhig zu erklären, dass die Frauen da drüben zur anderen Seite gehören und Hexen auf den Scheiterhaufen befördern. »Guck«, sagt da der geschichtsinteressierte Vater und zeigt auf eine rothaarige Frau. »Das da ist eine Hexe.« So lernt das Kind schon früh Gut und Böse zu unterscheiden und brüllt beim nächsten Mal die richtigen Leute an. Zum Beispiel den Pfarrer, wahlweise als Pharao oder als Pfaffen. Der Geistliche muss ja schon von Berufs wegen die andere Wange hinhalten.

Bei anderen Äußerungen ist man versucht zu glauben, dass die kleinen Biester im Kopf schon wesentlich weiter sind, als man selber glaubt, und sie ihre direkte Umgebung mit Absicht in die größtmögliche Peinlichkeit stürzen wollen, die denkbar ist. Vor allem pazifistisch eingestellte Eltern sind leicht zu kriegen. Wenn Mama an der Supermarktkasse fragt, was das denn da für ein Dreck im Gesicht des Zwergleins ist, antwortet es aus dem Kindersitz des

Einkaufswagens heraus gut hörbar für alle: »Das ist Blut. Du hast mich doch vorhin geschlagen.« Da kann Mutti allen Umstehenden zehn Mal erklären, dass sie ihre Kinder niemals schlagen würde, der Treffer hat gesessen. Eine schöne Variante kann angebracht werden, wenn Papa fragt, warum die neue Hose denn schon wieder ein Loch hat. Der Nachwuchs antwortet dann: »Die ist nicht neu, das weißt du doch. Wir haben einfach kein Geld.« Die kleine Pupsnase grinst sich eins, während Vaddern verzweifelt versucht, die anderen Menschen in der Schlange von einer spontanen Spendensammlung abzuhalten. Schlimm ist es auch, wenn sich die Kleinen etwas im Fernsehen abgeschaut haben und es im falschen Moment zum Besten geben. Zum Beispiel, wenn der Vater sich bereit erklärt, mit seiner Tochter auf die Damentoilette zu gehen, um ihr zu helfen, und diese dann, kaum dass die beiden angekommen sind, zu brüllen beginnt, er solle sie nicht anfassen. Aus den anderen Kabinen wird bereits der Notruf gewählt, während Papa mit hochrotem Kopf im feindlichen Terrain steht und nicht weiß, was er tun soll.

Manchmal ist allerdings nicht das Fernsehen der Übeltäter, sondern schlechte Vorbilder in der Familie. Wenn ein vierjähriger Kindergartenrebell nach dem Besuch bei einem befreundeten Pärchen der Eltern der Dame des Hauses mit der flachen Hand auf den Hintern patscht und »Danke für das leckere Essen, Baby« sagt, muss sich der Erzeuger wohl mal selbst hinterfragen. Gleiches gilt für den Moment, in dem das Kind im Kindergarten beim Essen pupst und anschließend völlig überrascht ist, dass sich so etwas angeblich nicht gehört. Papa darf das zu Hause ja auch.

Geschlechtsteile üben einen ganz besonderen Reiz auf Kinder aus, wahrscheinlich weil sie schnell bemerken, dass Erwachsene nicht offen darüber reden und sie in der Regel auch nicht vor aller Welt entblößen. Da lässt es sich in größerer Runde, vielleicht bei einem Familiengeburtstag, doch wunderbar über die Farbe, Größe und unterschiedliche Gestaltung von Vaginen, Penissen und Polöchern philosophieren. Einfach um zu sehen, wann Tante Gertrud denn nun endlich mit einem Seufzer ohnmächtig vom Stuhl sinkt. Der Hinweis des Kindes »Mama, pass auf. Tu dir nicht die Muschi weh« soll bei sportlichen Betätigungen oder spaßigen Kissenschlachten auch schon häufiger gefallen sein, zeugt in erster Linie aber von einer erstaunlichen Fürsorgepflicht des Kindes. Lautstarke Vermutungen über die Stärke der Schambehaarung bei Erwachsenen sind dann wieder eher der Neugier geschuldet.

Doch es muss nicht immer ein wohl artikulierter Satz sein, der den Anhang in blamable Situationen bringt. Der sechsjährige Sohn eines Freundes durfte mal mit uns zusammen ins Fußballstadion. Nachdem er vor, während und nach dem Spiel mit Pommes und Fanta geradezu verwöhnt worden war, kam ihm die Idee, dass er jetzt dringend noch eine Fanta haben müsse. Sein Papa erklärte ihm, dass er mehr als genug habe und man nun den Heimweg antreten werde. Da gäbe es dann vielleicht noch einen süßen Drink. Der Zwerg, der an der Hand des Vaters ging, wollte das überhaupt nicht einsehen, ließ sich mit einem markerschütternden Schrei fallen und hing fortan als quäkender Sack an seinem Erzeuger. Mit rotem Kopf holte er aus seinen Stimmbändern raus, was nur möglich war. Alle Versuche, den jungen Mann zu beruhigen, scheiterten. Nach Minuten des Wartens, wir wurden von allen Seiten des sich langsam leerenden Stadions angestarrt, machten auch wir uns auf den Weg. Sohnemann war aber immer noch nicht zu beruhigen, er ließ sich durch die Menge schleifen, auf den Boden fallen, rollte sich theatralisch zur Seite und flocht in sein animalisches Gebrülle immer wieder das Wort »Durst« ein. Ein Wasser wollte er überraschenderweise jedoch nicht. Endlich aus der Hörweite der Menschenmassen entkommen, stellte sich die kleine Qualle doch tatsächlich eigenständig hin, klopfte sich den Staub aus der Jeans, bemerkte trocken »Na gut, dann halt keine Fanta« und ging an unserer Seite Richtung Auto, als wäre nie etwas gewesen. Man hätte diese Szene auf Video aufnehmen sollen, für alle Paare, die sich mit Fortpflanzungsgedanken herumschlagen.

Aber auch Töchter können auf fiese Ideen kommen. Zum Beispiel, wenn sie allein mit Mutti in der Stadt unterwegs sind und vor jedem Mann, der alleine unterwegs ist, stehen bleiben und mit lauter Stimme fragen, ob das ihr Papi sei, obwohl sie genau wissen, dass dieser zu Hause auf dem Sofa liegt und Fußball guckt. In Kleinstädten bekommt man Muttis Ruf so an einem Nachmittag mal so richtig schön ruiniert. Mutti kann sich ein paar Jahre später allerdings rächen, wenn sie mit ihrer Teenager-Tochter durch die Gegend zieht und bei jedem Herrn fragt, ob sie mit dem schon geschlafen habe. So krass und konsequent dürften allerdings die wenigstens Mütter sein, was sehr wahrscheinlich auch besser für das Gemeinwohl ist.

Andere Kids wollen eigentlich nur helfen, zum Beispiel beim Abwasch. Weil das Becken in der Küche ein bisschen zu hoch angebracht ist, schleppen sie Teller und Besteck eben ins Badezimmer, um die Sachen im Klo sauber zu bekommen. Grundsätzlich ja gar nicht so verkehrt gedacht. Gerade windelfrei gewordene Kinder neigen dazu, ihre neu erworbenen Fähigkeiten der Öffentlichkeit zu präsentieren. Speziell kleine Herren möchten dann in jedem Geschäft ihren Wurm hervorholen und auf den Boden oder an Regale pinkeln. Frei nach dem Motto: Guckt mal alle, was ich schon kann. Für begleitende Eltern und Geschwister ist die Vorführung in der Regel eher peinlich. Niedlicher hingegen sind die kleinen Fratze, die zum ersten Mal auf einer Hochzeit dabei sind und der festlich geschmückten Braut zum Geburtstag gratulieren. Na ja, viele Leute, Torte, Geschenke. Was soll das anderes sein als ein etwas größerer Kindergeburtstag?

Zum Abschluss noch ein Tipp für Eltern, deren sich für obercool haltender Nachwuchs manchmal einen kleinen Dämpfer gebrauchen könnte. Viele Kids, die sich selbst schon für zu alt für den Kindersitz halten, aber immer noch drin sitzen müssen, schnallen sich ab und lehnen sich mit erwachsener Geste gegen die Innenseite der Tür, sobald das Auto hält. Einfach mal um das Auto schleichen und die Tür mit einem Ruck aufziehen. Kind und Sitz kommen herausgepurzelt, ein großer Spaß für alle Zuschauer. Nebeneffekt: Sie können Ihrem Nachwuchs erzählen, dass es den Kindersitz noch dringend braucht, wenn es nicht mal vernünftig aus einem Auto aussteigen kann. Danach sollte das Elternteil aber schnell in Deckung gehen, die meisten Kinder haben es nicht so mit Ironie und Sarkasmus.

Abschließend muss der Autor dieser Zeilen noch mal ein Geständnis machen. In meiner Vorschulzeit hatte ich eine geradezu manische Faszination für Wasserbomben entwickelt. Schnell stellte sich heraus, dass gewöhnliche Luftballons ebenfalls großartige Wasserbomben abgeben, nur eben viel größer. An diesem Sommertag hatte ich ein besonders elastisches Exemplar in die Hände bekommen und mit viel Geschick (Unser Bad stand natürlich komplett unter Wasser.) befüllt. Dieses Monster von einer Wasserbombe konnte ich nur mithilfe meines kleinen Bruders auf den Dachboden unseres Mietblocks schaffen, wo wir uns an den Wäscheleinen vorbeischlängelten und ein Fenster öffneten. Aus locker zehn Metern Höhe sah ich, dass unten auf dem Spielplatz die doofe Göre unserer Nachbarn im Sand spielte. Wir wuchteten das wabbelnde Geschoss auf die Fensterbank und wollten es gerade herunterschubsen, als meine Mutter zufällig den Dachboden betrat, die Wäsche fallen ließ und uns kreischend in die Arme griff. Die Bombe fiel trotzdem, aber sie schlug einige Meter neben ihrem Ziel ein. Ich war stinksauer und konnte überhaupt nicht verstehen, warum wir ohne Nachtisch bei hellem Sonnenschein ins Bett mussten. Alles nur wegen einer doofen Wasserbombe. Im Nachhinein muss ich mich wohl bei meiner Mutter bedanken, da sie meinen ersten (und bis heute einzigen) Mord verhindert hat. Das kleine Nachbarsmädchen wäre von dem Ding wahrscheinlich erschlagen worden und gleichzeitig ertrunken. Ich erinnere mich jedenfalls heute noch dunkel an den Krater, den diese Bombe im Sand hinterlassen hatte. Trotzdem verlor ich bald darauf die Faszination für Wasserbomben und wandte mich den wesentlich effektiveren Silvesterkrachern zu.

VON ELEKTRISCH ANGETRIEBENEN EIN-PERSONEN-TRANSPORTMITTELN, DÜNN MACHENDEN DICKMACHERN UND IDENTITÄTSRAUBENDEN STEMPELN: DIE BLAMABELSTEN ERFINDUNGEN, DIE WIRKLICH ERNST GEMEINT WAREN UND SIND

Es ist ja immer wieder eine Pracht, wenn schlaue Köpfe etwas Schlaues ausbrüten, von dem später die ganze Welt profitiert. Der Erfinder des Rades, der leider vergaß, seinen Namen zu hinterlassen, machte vielleicht den Anfang. Mittlerweile gibt es eine unglaubliche Reihe von Menschen, die alle etwas Wichtiges, Nützliches oder Schönes erfunden haben. Bedauerlicherweise ist die Reihe derer, die völlig sinnlosen Mumpitz erfanden, ihn aber für mindestens ebenso wichtig hielten wie das Rad, den Feuerstein oder das Telefon, vorsichtig geschätzt ebenso lang. Einige dieser gescheiterten Erfindungen sind dermaßen hanebüchen, dass Thomas Alva Edison, der ungekrönte König der Erfinder (und ungekrönte König des »Ausleihens« von Ideen), im Grab rotieren und dabei vermutlich zu glühen beginnen würde, hätte er Kenntnis davon besessen.

Im Jahr 2012 glaubten die Blitzbirnen von Google tatsächlich, sie hätten das digitale Ei des Kolumbus entdeckt und drängten mit ihrer Erfindung an die Öffentlichkeit, obwohl diese noch längst nicht ausgereift war. Denn merke: Bei Erfindungen ist zeitnahe Positionierung auf dem Markt fast ebenso wichtig wie die Idee selbst. Denn sonst profitiert die Konkurrenz vom eigenen Gehirnschmalz. Google präsentierte der staunenden Öffentlichkeit also »Google

Glass«, die intelligente Brille mit integriertem Computer, Personen-erkennung und anderen Features. Leider vergaßen die Entwickler dabei, dass sich Dinge, die bei Kalten Kriegern wie Ronald Reagan oder Leonid Breschnew Begeisterungsstürme ausgelöst hätten, im normalen Leben schnell Probleme machen können. Wer möchte sich schon mit Menschen unterhalten, die einen durch ihre Brillen-gläser hinweg fotografieren oder filmen können, ohne dass das Op-fer auch nur das Geringste davon bemerkt? Google ließ sich davon nicht beirren, schwärmte lieber von der tollen Technik des Vier-auges (gab es auch in der Variante als Sonnenbrille für den Strand) und stellte stolz verschiedene Spielereien vor. Die Brille reagiert auf Ansprache (allerdings nur, wenn es drum herum leise ist), sie kann eine Tastatur in die Handinnenfläche projizieren, mit der dann Mails beantwortet werden, und sie kann durch Kopfnicken oder Augenrollen gesteuert werden. Mission Impossible? Demnächst auch in der Straßenbahn direkt hinter Ihnen. Die Markteinführung startete in den USA 2014, allerdings wurde nur eine begrenzte An-zahl von Exemplaren verkauft. Google traute seiner Idee selbst nicht mehr so recht und sah sich bestätigt, als vor allem junge Männer in Stripteasebars und Pornokinos die Aufnahmefunktion der Brille nutzten. Was für eine Überraschung … Innerhalb weniger Wochen war der gute Ruf dahin. Als dann auch noch mehrere Staaten Ge-setzesinitiativen starteten, die das Autofahren mit »Google Glass« untersagten (unter anderem Großbritannien) beziehungsweise den Minicomputer auf dem Nasenrücken gleich ganz verbaten (unter anderem Russland), musste die Firmenzentrale zugeben, dass »Google Glass« ein ziemlich peinlich gescheitertes Projekt war. Heute wird das Utensil nur noch in modifizierter Form bei Firmen wie DHL oder Volkswagen eingesetzt. Ob sich die Mitarbeiter damit gegenseitig ausspionieren sollen? Oder zur Entspannung die vorher aufgenommenen Pornokinobesuche abrufen? Egal, die große Masse blieb von »Google Glass« jedenfalls verschont. Wobei es nur eine Frage der Zeit sein kann, bis die nächste »intelligente Brille« wissen möchte, in welchen Datenbanken Ihre Fotos, liebe Leser, denn so gelistet sind.

Eine weitere, in der Fachwelt als gescheitert bewertete Erfindung ist das Segway. Bitte was? Die Dinger fahren doch in jeder größeren Stadt durch die Gegend, mag jetzt der eine oder andere denken. Das stimmt zwar, aber die entscheidende Frage ist, wer auf diesen elektrisch angetriebenen Ein-Personen-Transportmitteln (offizielle Lesart für ein Segway in Deutschland) draufsteht. Richtig, Helmine und Jürgen, die es einmal in ihrem Leben aus Gütersloh herausgeschafft haben, nun auf zwei Rädern durchs Brandenburger Tor cruisen und in jeder kleinen Kurve quiekende Geräusche von sich geben. Tatsächlich war das Segway zu Beginn des neuen Jahrtausends allerdings angetreten, um die Innenstädte von Autos zu befreien und die im Vergleich viel unsichereren Fahrräder komplett zu ersetzen. Und was ist daraus geworden? Eben, Helmine und Jürgen nutzen dieses als ernsthaftes Verkehrsmittel konzipierte Meisterwerk wie 1.000 andere Mitmenschen einmal im Leben als Spaßmobil. Dank des Segways wurde garantiert nicht ein Auto und wenn es hochkommt ein halbes Fahrrad weniger verkauft. Die Tatsache, dass der Firmenchef von Segway, Jimi Heselden, 2010 mit einem Segway geradewegs eine Klippe hinunterfuhr und hernach nie wieder gesehen wurde, war vielleicht auch nicht die beste Werbung. Segway-Erfinder Dean Kamen dürfte es trotzdem verschmerzen, er hat 'nen ordentlichen Dollar mit seiner Idee verdient und bastelt weiter an Projekten, in erster Linie im medizinischen Bereich.

Im weitesten Sinne medizinisch war auch die Erfindung des fettfreien Knabbergebäcks, das in den 90er-Jahren des letzten Jahrhunderts von sich reden machte. So viele Chips oder Pommes futtern wie man will und kein Gramm zunehmen? Es wäre die Erfindung des Jahrhunderts geworden. Und die Wissenschaftler des Konsumgüter-Konzerns Procter & Gamble (unter anderem Meister Propper, Wick, Pampers) gaben sich wirklich Mühe. Seit Ende der 60er-Jahre fummelten sie an einer Nutzbarmachung eines synthetischen Fettersatzstoffes namens Olestra herum. Rund 30 Jahre später war es so weit, das Zeug sollte nun endlich den Lebensmittelmarkt auf links krempeln und Diäten in das Reich altertümlicher Mythen verbannen. Während die Aufsichtsbehörden in Europa und anderswo dankend ablehnten, wurde Olestra in den USA zugelassen. Schnell stellte sich heraus, dass Olestra in größere Mengen zu sich genommen abführend wirkt, was den Labormitarbeitern in 30 Jahren wohl irgendwie durchgerutscht sein musste. Da es aber nur wenige Menschen gibt, die drei Kartoffelchips essen und den Rest in der Tüte lassen, hockten im Land der unbegrenzten Möglichkeiten bald sehr viele Menschen für sehr lange Zeit auf dem Thron, was insgesamt natürlich zu einer gewissen Gewichtsreduktion führte. Die war aber so nicht beabsichtigt, also wurde vom Gesetzgeber beschlossen, Lebensmittel mit Olestra mit einem Warnhinweis zu versehen. Der wurde 2003 ohne Angabe von Gründen wieder entfernt, das Wundermittel ist in den USA bis heute vor allem in frittierten Speisen zu

finden. Bei Tests mit Laborratten wurde später übrigens festgestellt, dass diejenigen Tiere, die Lebensmittel mit Olestra fraßen, deutlich fetter wurden als solche, die mit »normalem Fett« versetztem Fraß gefüttert wurden. Olestra ist unter dem Strich also eine Erfindung, die sich ihren Platz an dieser Stelle mehr als verdient hat. Guten Appetit!

Die wirklich genialen Tüftler unserer Tage arbeiten allerdings alle für eine deutsche Firma mit Sitz in Hamburg. Dieses Unternehmen machte sich im Kaffeegeschäft einen Namen, ist aber schon seit vielen Jahren dabei, seinen Kunden jede Woche neue, unglaubliche Erfindungen unterzujubeln, die sie bisher noch nie vermisst haben, aber ohne die das Leben ab sofort nicht mehr lebenswert ist. Wie zum Beispiel ein hautfarbenes Plastikei, das sich als »Kiwi-to-go-Box« entpuppte. In das Handflächen große Gefäß lässt sich exakt eine Frucht legen und sicher transportieren. Wo einem bisher auf dem Weg zur Arbeit neuseeländische Laufvögel, Mundräuber und andere zwielichtige Gestalten auflauerten, um einem die Delikatesse zu entreißen, ist sie in der Box sicher. Puh, schon mal Glück gehabt. Mit dem praktischen Plastiklöffel, der der Box beiliegt, kann man die Kiwi zudem zerteilen, denn das Besteck ist an einer Seite mit Zacken versehen. Okay, so richtig stabil wirkt das Ganze nicht, zur Sicherheit also doch lieber einen zweiten Plastiklöffel mitnehmen. Nun steht dem Genuss in der Mittagspause nichts mehr im Weg. Und Sie können die Kollegen so nebenbei mit der Information verblüffen, dass die Frucht namens Kiwi ursprünglich gar nicht aus Neuseeland, sondern aus Ostasien stammt.

Kaum weniger beeindruckend war die erstmalige Präsentation des unglaublichen Zitrussprühers. Denn wie oft stehen wir in der Küche und würden unsere Ochsenschwanzsuppe oder die Frühstücksflocken noch gerne mit einem Spritzer frischen Zitronensaftes veredeln? Aber ach, nur ganze Zitronen im Obstfach. Und für so einen Spritzer schneidet man ja nicht gleich den halben Vorrat auf. Der kluge Haushaltsvorstand greift nun in die Schublade und zieht den Zitrussprüher heraus. Mit einem beherzten Stoß in die Frucht gerammt, versprüht das Hightech-Gerät sofort Saft aus dem Herzen des gelben Freudenspenders. Man kann eigentlich nur mit offenem Mund danebenstehen und sich fragen, warum dieses Utensil noch kein Kultobjekt irgendeiner Weltreligion geworden ist. Denn der Sprüher, Obacht, funktioniert auch bei Limetten. Davon hätten unsere Großeltern nicht mal zu träumen gewagt. Und wer dann auch noch die rund ein Jahr später auf den Markt gekommene Zitrusfruchtschere (mit mehreren übereinanderliegenden Klingen, um die Schale zu entfernen) besitzt, ist eigentlich bereit für das 22. Jahrhundert.

Doch wer glaubt, der Erfindungsreichtum der Hanseaten würde in der Küche haltmachen, liegt natürlich meilenweit daneben. Auch für Vatis liebstes Stück, sein Auto, hat der Online-Shop ein Gimmick parat. Denn während verschwenderische Menschen ihre Scheibenwischer einfach wegwerfen, wenn sie abgenutzt sind, holt der technisch begabte Sparfuchs den »Scheibenwischblatt-Nachschneider« aus dem Regal. Nur weil die ersten Millimeter des Gummis abgescheuert sind, muss der Rest (ca. 0,7 Millimeter) ja nicht schlecht sein. Und so waschen wir jetzt Samstag nicht nur den Boliden. Nein, wir schnitzen uns auch neue Scheibenwischer. Und zwar so lange, bis das Plastik auf der Scheibe kratzt. Wäre doch gelacht, wenn wir dieser ominösen Autoindustrie alles in den Rachen schmeißen würden. Und der TÜV soll bloß kommen.

Als Höhepunkt soll an dieser Stelle nicht auf den Butterstempel (malt tolle Muster) oder den extragroßen Baby-Spiegel fürs Auto (Ihr Baby erscheint darin so groß, Sie werden den Gegenverkehr gar nicht mehr bemerken), sondern den Identitätsschutz-Stempel eingegangen werden. Abgesehen davon, dass die in ihren unterirdischen Erfinderlabors eine riesige Abteilung mit Marketing-Genies beschäftigen müssen, die sich Namen für all dieses Gerümpel ausdenkt, ist der Identitätsschutz-Stempel so etwas wie die Krone der Schöpfung. Denn bisher mussten wir Werbepost, alte Rechnungen und Ähnliches durch den Schredder jagen, bevor wir die Unterlagen entsorgen konnten. Aus Angst vor Spionen, die das Altpapier nach Hinweisen über unser Leben und unsere Gewohnheiten durchwühlen. Damit ist jetzt endgültig Schluss. Denn mit dem einfach zu bedienenden Stempel fährt man einmal über das Adressfeld und hat es wie durch Zauberkraft unlesbar gemacht. Da stehen jetzt ganz viele schwarze Zeichen, die den Namen unmöglich erkennen lassen. Die Spione draußen an den Tonnen können jetzt zwar noch erkennen, dass da jemand eine Gummipuppe mit drei Öffnungen im Schmuddelversand bestellt hat, sie wissen aber nicht mehr, wer das war! Es sei denn, Sie sind so dämlich und schmeißen Ihren Müll in die Tonne direkt vor Ihrem Einfamilienhaus. Aber dann kann Ihnen keine Erfindung der Welt mehr helfen. Für alle anderen ist der Stempel die analoge Firewall. Und wer weiß, vielleicht können Sie eines Tages sogar wieder auf den Alu-Hut verzichten?

PS: Es gibt das böse Gerücht, dass besagter hanseatischer Kaffee-und-mehr-Händler all diese wundervollen Dinge gar nicht selbst erfunden hat, sondern Mitarbeiter darauf ansetzt, in irgendwelchen chinesischen Krimskrams-Katalogen nach den sinnlosesten Gimmicks der Welt zu suchen, um diese dann noch kostengünstiger nachzubauen. Dieser Gedanke ist so absurd, dass wir ihn an dieser Stelle mit Missachtung strafen und uns lieber mit unserem neuen Bananenschneider beschäftigen. Leider schneidet besagte Maschine immer nur wenige Zentimeter einer Banane in handliche Streifen, dann muss von Hand nachgeschoben werden. Aber da gibt es bestimmt noch einen Trick, auf den wir auch noch kommen. Denn sonst wäre diese Erfindung eigentlich ziemlich sinnlos …

VON RASANTEM BARTWUCHS, FLUGZEUGEN ÜBER ACHILLES UND BEGEISTERT KLATSCHENDEN PAPPKAMERADEN: DIE BLAMABELSTEN FILMFEHLER DER GESCHICHTE

Einen Film zu drehen ist eine Heidenarbeit. Bild, Licht, Ton, Musik, Story und Locations müssen zusammenpassen. Und dann rennen da auch noch diese ganzen Spinner durch die Gegend, die sich Schauspieler nennen. Nein, Filme sind harte Gemeinschaftsarbeit und das Produkt am Ende grundsätzlich und immer ein Meisterwerk. Deshalb werden zu Beginn die wichtigsten und am Schluss alle Mitwirkenden namentlich genannt. Das gibt es woanders nicht. Man stelle sich vor, jeder Bandarbeiter, Maschinenführer, Produktionsgehilfe und Lackierer würde sich auf jedem neu gebauten Auto mit seinem Namen verewigen. Oder Maler an einem Bürokomplex, Zahnärzte samt Helfer/innen auf den Kauwerkzeugen ihrer Patienten. Das wäre ziemlich albern. Bei Filmen ist das wie gesagt eine andere Geschichte. Denn hier arbeiten 200, 300 oder noch mehr Menschen daran, die perfekte Illusion zu erschaffen. Die Frage ist nur, warum das so gut wie nie gelingt und jeder verdammte Blockbuster solch peinliche Fehler enthält, dass es selbst dem blindesten Kontrolleur in der Endabnahme auffallen müsste? Es ist eine seltsame Welt, in der wir leben.

Der Moment, in dem man seinen ersten Filmfehler selbst entdeckt, ist vergleichbar mit dem Augenblick, in dem man feststellt, dass der Weihnachtsmann vom dicken Arbeitskollegen des eigenen Vaters gespielt wird. Ernüchterung stellt sich ein, die Magie ist flöten. Der Autor dieser Zeilen kann sich noch gut an sein »erstes Mal«

erinnern, es lief irgendein billig heruntergekurbelter Gruselfilm, an dessen Namen ich mich beim besten Willen nicht mehr erinnern kann und mag. In einer Szene kriecht ein Mädchen kreischend und quiekend über den Boden einer Bücherei, auf der Flucht vor einem wie auch immer gearteten Monster. Die Szene wurde aus der Sicht des Verfolgers gedreht und zieht sich ewig in die Länge. Und man muss nicht mal genau hinschauen, um zu erkennen, dass während der kompletten Prozedur ein Mikrofonarm über der Darstellerin baumelt, damit ihre Schreckensschreie auch keinesfalls umsonst waren. Gut, in diesem Fall handelte es sich um irgendwelchen B-Schund. Aber auch hier dürfen sich die Verantwortlichen ein bisschen Mühe geben.

Ganz anders sieht die Sache bei hollywoodschen Hochglanzproduktionen aus, wo selbst die Statisten noch eigene Make-up-Künstler haben, auch wenn sie nur einmal ganz kurz von hinten zu sehen sind. Wie zum Beispiel im ersten Teil der unsäglichen *The Fast And The Furios*-Reihe, in der schöne Menschen schöne Autos fahren. Abgesehen davon, dass die Grundstory nicht nur ein wenig an den späten Klassiker *Gefährliche Brandung* erinnert, scheint die Crew bei den Dreharbeiten mehr darauf geachtet zu haben, dass die Chromfelgen schöner glänzen als alles andere. Neben unzähligen kleineren Missgeschicken gibt es eine wunderbare Szene, in der die Figur Johnny Tran (heißt in Wirklichkeit Rick Yune, was sich nichts nimmt) in einem Sportwagen durch die Gegend heizt. In einer Einstellung trägt er ein schwarzes Oberhemd, in der nächsten ein Unterhemd. Und wieder ein Hemd. Und wieder Unterhemd. Voll cool, die Möhre hat nicht nur 400 PS unter der Haube, sondern auch noch einen automatischen Klamottenwechsler am Start. Nicht die einzige Ungereimtheit, denn im Laufe des Streifens wechseln die Autos bei voller Fahrt von Drei- zu Fünftürern, von dreckig zu sauber, tauschen ganze Cockpits aus oder lassen Typenembleme verschwinden und wieder auftauchen. Dagegen können die vierrädrigen Quasselstrippen aus der *Cars*-Reihe echt gar nichts.

Piraten sind für eine Menge Dinge bekannt, für akkurates Arbeiten aber eher nicht. Deshalb verwundert es auch wenig, dass die *Fluch der Karibik*-Reihe zu den fehlerhaftesten der Neuzeit zählt. Allein im ersten Teil haben aufmerksame Zuschauer rund 170 Makel entdeckt. Da schieben sich Crew-Mitglieder mit Cowboyhut mit aufs Deck, wechseln erhängte Skelette spontan die Klamotten, verschwinden Fenster an massiv gebauten Häusern, wandern Muttermale, Einstichstellen und Ringe wie durch Zauberhand über Körper und Anziehsachen, und manchmal paddelt sogar ein entspannter Taucher an den unerschrockenen Halunken vorbei. Eine besonders köstliche Szene ist allerdings jene, in der wir zu Beginn des Films einige Stunden den Weg von Will Turner (Orlando Bloom) verfolgen dürfen. Am Morgen ist der gute Mann bartlos, mittags, als er zum ersten Mal auf Jack Sparrow trifft, regen sich schon ein paar Stoppeln. Am Abend des gleichen Tages trägt er einen vollen und perfekt gepflegten Bart zur Schau. Tausende Männer würde an dieser Stelle interessieren, wo Turner sein Haarwuchsmittel kauft und ob das auch auf dem Kopf funktioniert. Apropos Kopf, der bekannteste Filmfehler aus der *Karibik*-Reihe ist ein Fake. Sparrow ist in Nahaufnahme zu sehen, wobei unter seinem Piratentuch, das er sich um die Haarpracht gebunden hat, das Typenschild von Adidas zu sehen ist. Nette Idee, aber diese Szene hat es so leider nie gegeben.

Deutlich mehr Mühe hat man sich beim Mystery-Knaller *The Sixth Sense* mit Bruce Willis gegeben. So ganz fehlerfrei kamen die Macher aber auch hier nicht über die 90 Minuten. Schon innerhalb der ersten zehn Minuten, als sich der Kinderpsychologe Malcom (Bruce Willis) und sein ehemaliger Patient Vincent (Donnie Wahlberg) zum ersten Mal gegenüberstehen, rauscht im Hintergrund ein Kameraobjektiv vorbei. Kann passieren, aber Vincent sollten wir genauer im Blick behalten. Denn als Malcom die alten Tapes mit den Gesprächen mit Vincent abhört, sind selbige mit dem Namen »Vincent Grey« beschriftet, im nächsten Augenblick wieder nicht.

So oder so ein ziemlicher Mumpitz, denn im Abspann wird uns erklärt, dass Donnie Wahlberg die Rolle des Vincent Gray spielte. Und auch das Zitat des Filmes enthält einen interessanten Fehler. Im Hospital sagt der kleine Cole in der Mitte des Filmes »Ich sehe tote Menschen«. In der Rückblende kurz vor Schluss kommt nur noch »Ich sehe Menschen« heraus. Dabei handelt es sich nicht um einen Übersetzungsfehler, denn im Original wird aus »I see dead people« ebenso »I see people«. Anschlussüberwachung, irgendwer? Dem Erfolg des Streifens taten diese kleinen, aber durchaus blamablen Fehler keinen Abbruch, bei einem Budget von gerade einmal 40 Millionen Dollar spielte der Streifen weltweit rund 670 Millionen Dollar ein und gehört damit bis heute zu den erfolgreichsten Filmen aller Zeiten. Nebendarsteller Haley Joel Osment, der für die Rolle des Cole Sear eine Oscarnominierung erhielt, ging allerdings den Weg vieler Kinderstars. Nach einigen weiteren Erfolgen verschwand die Niedlichkeit aus dem Gesicht des Mimen, 2006 machte er mit einem Autounfall unter Alkoholeinfluss auf sich aufmerksam. Danach hörte man jahrelang nichts von ihm, mittlerweile versucht er sich über Fernsehserien wieder ins Gespräch für die ganz große Leinwand zu bringen.

Historienfilme sind besonders anfällig für Fehler, schließlich sorgt hier schon der leiseste Anflug von Neuzeit für breites Grinsen. *Troja* von Wolfgang Petersen aus dem Jahr 2004 war so ein dankbarer Kandidat. Der Director's Cut läuft rund 200 Minuten, genügend Zeit, um mehr als 200 mehr oder weniger dicke Fehler einzubauen. Der unbestrittene Klassiker sind natürlich die mehrfach am Himmel auftauchenden Flugzeuge, die über Achilles (Brad Pitt) und Konsorten hinwegfliegen. Große Teile des Streifens wurden auf Malta gedreht, und irgendwie müssen die Touristenströme da ja nun mal hingelangen. Ganz egal, ob Herr Pitt einen altertümlichen Helden mimt oder nicht. Auch hatte die Crew scheinbar massive Probleme mit der Sonne, denn sie geht in diesem Film konsequent im Westen auf. Da fallen die Komparsen mit Sonnenbrillen und/

oder klar erkennbaren Impfnarben überhaupt nicht ins Gewicht. Dass das eindeutig tote Pferd, das ganz zu Beginn des Streifens von einem Hund beschnüffelt wird, die Augen öffnet und mit den Ohren wackelt, hat allerdings schon wieder etwas Gruseliges. Ebenso wie die beiden Lamas, die nach einer guten Dreiviertelstunde durchs Bild wackeln. Lamas im antiken Griechenland? Die gehören da ebenso wenig hin wie die Unterhose des Achilles, die bei diversen Kampf- und Sprungszenen aus der Rüstung lugt. Die komplett aus Gummi bestehenden Schilde und Waffen hingegen sorgen bei Adleraugen für richtig gute Laune. In manchen Schlachtszenen ist sogar zu erkennen, wie die Dinger noch mal hüpfen, bevor sie am Boden liegen bleiben. Boing, Boing.

Doch *Troja*, der fast eine halbe Milliarde Dollar einspielte, dafür aber auch 200 Millionen kostete, muss sich hintanstellen, wenn es um das Historienepos mit den meisten blamablen Einstellungen geht. Da ist der vier Jahre früher gedrehte Sandalenstreifen *Gla-*

diator vermutlich auf ewig nicht einzuholen. Allein die berühmte Gasflasche, die beim Umstürzen eines Pferdewagens zu sehen ist (und die den Sturz verursacht haben dürfte), sorgt seit Generationen für Lacher. Wie kann man so etwas übersehen? Wahrscheinlich gar nicht, aber so ein schmucker Wagen ist halt teuer. Bevor man ein weiteres Gefährt zerschrotet, hofft man einfach, dass die Deppen im Kino schon nichts bemerken werden. Regisseur Ridley Scott (Wolfgang Petersen hatte den Job abgelehnt) und seine Crew zeigten während der Dreharbeiten allerdings insgesamt einen sehr laxen Umgang mit etwaigen Fehlern, es schien sie einfach nicht zu stören. Da schlagen die ollen Römer ein Feldlager mitten im Nirgendwo auf, und ein Crewmitglied latscht mit Jeans zwischen den Pferden und Soldaten herum. Die Sättel und das Zaumzeug, das die Römer in diesem Film durchgehend verwenden, wurde in Europa zudem erst Hunderte Jahre später benutzt. An einer anderen Stelle sammeln sich die barbarischen Germanen, um sich mit den Römern zu prügeln. Die sind noch dabei, in Formation zu kommen, keiner der Bogenschützen hält seine Waffe in Schussposition. In der nächsten Einstellung wimmelt es um die Germanen von brennenden Pfeilen. Das scheint die Angreifer so zu irritieren, dass sie zwar mit Gebrüll auf die Römer zulaufen, einige der Statisten ihre Attacke aber völlig unmotiviert abbrechen, stehen bleiben und in eine andere Richtung schauen. Vielleicht haben sie die Klingel vom Catering-Service gehört? Das konnte Scott mit anderen Statisten nicht passieren. Viele Zuschauer auf den Rängen des Kolosseums waren nämlich nicht echt, noch nicht mal digital nachträglich eingefügt. Nein, es waren Puppen aus Pappe, was man an der einen oder anderen Stelle sehr schön erkennt. Ebenso wie eine Statistin nach rund 90 Minuten gelangweilt eine Flasche Wasser zur Seite stellt, während sich etwas weiter vorne geschichtsträchtige Dramen abspielen. Und schließlich ist da noch Held Maximus (Russell Crowe), der sich den ganzen Film über die größte Mühe gibt, am Ende aber doch tödlich getroffen in den

Staub sinken muss. Damit sein wertvoller Hollywood-Schädel nicht allzu schlimm darunter leidet, hat man ihm allerdings ein sandfarbenes Kissen bereitgelegt. Immerhin kümmert sich die Crew um ihren Star, auch wenn diese Szene wie so viele in diesem Film einfach nur ziemlich peinlich ist.

Aber egal ob bei *Braveheart* schottische Freiheitskämpfer mit Gummiäxten in die Schlacht ziehen (deren »Klingen« im Wind flattern), der Joker und Batman sich in *The Dark Knight* so richtig schön aufs Fressbrett geben, während im Hintergrund eine Kamera samt Kameramann riesig groß im Bild ist, bei *Jurassic Park* menschliche Hände auftauchen, die Dinosaurierschwänze in die richtige Position bringen, oder im *Terminator* Köpfe explodieren, bevor überhaupt irgendjemand einen Schuss abgegeben hat – am Ende sitzen wir doch alle wieder im Kino, schaufeln geplatzten Mais in uns rein und schauen uns an, was Hollywood jetzt wieder verpennt hat. Warum? Vermutlich weil wir es nicht besser verdient haben.

VON RAPPENDEN NAZI-GRÖSSEN, ZWANGSERNÄHRTEN VEGANERN UND FLIEGENDEM ESSEN IN ESSEN: DIE BLAMABELSTEN ÖFFENTLICHEN STREITE

Können Sie sich noch erinnern, was Sie am 21. Dezember 1997 gemacht haben? Den vierten Advent gefeiert? Jane Fonda zum 60. Geburtstag gratuliert? Mal wieder ein Buch von Heinrich Böll in die Hand genommen, der an diesem Tag seinen 80. Geburtstag gefeiert hätte? Oder doch wieder nur sinnlos Geld auf dem Weihnachtsmarkt verkloppt für gesüßtes Wasser plus einen Schuss Rumverschnitt? Wirkliche Fans saßen an diesem denkwürdigen Tag vor dem Fernseher und schauten gebannt dabei zu, wie sich eine mehrfach mit Platin ausgezeichnete Mädchen-Band vor laufenden Kameras selbst zerlegte und einen dermaßen peinlichen Streit ablieferte, dass auch heute noch darüber gesprochen wird. Ja, die Formation Tic Tac Toe war schon etwas Besonderes. 1995 gegründet, kletterte das Trio in Windeseile an die Spitze der Charts. Die drei Protagonistinnen Lee, Jazzy und Ricky waren allerdings nicht nur in ihren Texten ziemlich vorlaut, sondern auch im privaten Leben. Nach zwei extrem erfolgreichen Alben bestimmten Streitigkeiten, Gerüchte und Enthüllungen die Schlagzeilen. Gefälschte Altersangaben, Selbstmord, Drogen, Prostitution, die Boulevard-Blätter konnten gar nicht genug bekommen von den verruchten Rap-Perlen. Ihr Management berief die legendäre Pressekonferenz in München ein, um zu beweisen, dass die Gruppe unzertrennlich sei. Knapp daneben, denn die Popstars gifteten sich untereinander an, als gäbe es kein Morgen mehr. Als die Peinlichkeiten schon nicht mehr zu toppen waren, stürmte Lee heulend aus dem Saal, nur um kurz darauf wieder zurückzukehren und die unvergessenen Worte gen Ricky zu schleudern: »Wenn wir wirklich Freunde wären, dann würdest du so'n Scheiß überhaupt nicht machen! Du machst alles kaputt!« Ricky, die immer sprach, als wäre sie kurz davor einzuschlafen, entgegnete mit kühler Brillanz: »Jetzt kommen wieder die Tränen auf Knopfdruck. Das kennen wir schon.« Was für ein Fest für Blamageforscher! Diese Pressekonferenz läutete das Ende des Trios ein, Ausschnitte aus dem öffentlichen Massaker liefen am gleichen Abend sogar in der *Tagesschau*. Nach mehreren nicht minder peinlichen Comeback-Versuchen in verschiedenen Besetzungen verschwanden Liane, Marlene und Ricarda, so die bürgerlichen Namen, in der Versenkung. Ab und an taucht eine der Protagonistinnen noch in irgendwelchen Trash-Formaten auf, manchmal berichtet auch eine von ihnen irgendeiner Kreiszeitung, wie es damals wirklich war (»Jetzt aber mal echt, jetzt!«), ansonsten verdingen sich die ehemaligen Stars in bürgerlichen Berufen. Dass ausgerechnet Ricky ein Lehramtsstudium begann (und schnell wieder abbrach), sorgte noch einmal für Heiterkeit, die anderen leben irgendwo in der Sonne oder arbeiten im Kölner Zoo. Spielt aber auch keine Rolle mehr.

Rapper scheinen sowieso einen gewissen Drang in sich zu verspüren, der Konkurrenz oder ehemaligen Freunden öffentlich mitzuteilen, wie doof sie sind. Das nennt man dann Beef (dazu etwas weiter unten mehr), was mit ein paar Steckschüssen in der Lunge enden kann. Es kann aber auch einfach nur peinlich sein, wie die Fehde zwischen Kanye West und Drake, die dermaßen künstlich wirkt, dass im Vergleich selbst Mickey Rourke wie ein echter Naturbursche erscheint. Worum es inhaltlich bei der Auseinandersetzung geht? Weiß schon längst niemand mehr. Man bezichtigt sich seit Jahren gegenseitig des Song-Diebstahls, Affären mit den (Ex-)Partnerinnen des anderen gehabt zu haben und bedroht sich, allerdings nicht zu dolle. Zwischenzeitlich schreiben die beiden aber auch Songs zusammen oder telefonieren. Passieren tut natürlich nichts, außer dass die beiden Aufmerksamkeits-Junkies am laufenden Band in der Presse stehen. Da sich die beiden hauptsächlich über Twitter äußern, freut sich auch dieser Konzern. Wäre allerdings peinlicher als peinlich, wenn am Ende herauskommt, dass das alles nur eine Marketingaktion war. Zumindest Kanye West wäre eine wirre Auseinandersetzung sehr wohl zuzutrauen, schließlich sorgt der Ehemann von Kim Kardashian in der Öffentlichkeit gerne für peinliches Gehüstel. So warf er dem ehemaligen US-Präsidenten Ronald Reagan vor, dieser hätte die Droge Crack in den 80er-Jahren in schwarzen Vierteln verteilen lassen, um die Menschen dort unter Kontrolle zu halten. Auch seine Ansichten über Aids tendieren in diese Richtung. Seine von Kameras aufgezeichneten Annäherungsversuche an Donald Trump waren ebenso skurril wie seine mehrfach wiederholte Erklärung, dass ihn Menschen manchmal anstarren, als sei er Hitler. Vielleicht sollte man es an dieser Stelle gut sein lassen und einfach einen weiteren Ex-Präsidenten der USA zu Wort kommen lassen. Barack Obama sagte einst über Kanye West: »Er ist ein Idiot.«[*] Damit ist alles gesagt.

Der britische Starjournalist und TV-Juror William Sitwell, dessen erklärtes Ziel es ist, seinen Landsleuten leckeres Essen schmackhaft zu machen, löste mit einer einzigen E-Mail Ende 2018 einen inselweiten Streit aus. Eine junge Nachwuchsjournalistin fragte ihn per Mail, ob er in seinen Beiträgen, Kochbüchern und Kolumnen nicht auch mal vegane Gerichte vorstellen könne. Schließlich gelte London als Mekka der Veganer, in ganz Großbritannien wird im Durchschnitt wenig Fleisch gegessen. Die Antwort des Gourmets kam prompt und fiel eindeutig aus: »Vielen Dank für deinen Vorschlag. Wie wäre es denn mit einer Rubrik über das Töten von Veganern, einer nach dem anderen. Wege, sie zu fangen? Wie man sie richtig verhört? Ihre Verlogenheit aufdeckt? Sie mit Fleisch

---

[*] *Das Klatschmagazin TMZ hatte damals eine Audioaufzeichnung des Statements ins Netz gestellt.*

zwangsernährt? Sie zwingt, Steak zu essen und Rotwein zu trinken?« Die Nachwuchsjournalistin nahm die Mail zum Anlass, selbst einen Artikel zu schreiben, den sie an diverse britische Magazine und Zeitungen verhökern konnte. Sitwell versuchte es noch mit einer Entschuldigung, verlor aber trotzdem mehrere seiner Jobs. Zudem löste er einen öffentlichen Streit in Großbritannien aus, dessen Ende noch nicht absehbar ist. Veganer argumentieren gegen Fleischfresser und andersherum, es fliegen die in Schweineschmalz gewendeten Tofu-Fetzen. Vom »Krieg der Kulturen« ist gar die Rede, eine andere Gruppe fordert, dass neben Rassismus und Sexismus auch Foodismus (also die Beleidigung von Vegetariern und Veganern) ins Strafgesetzbuch aufgenommen wird. Das Land tobt, der Brexit verkommt zur Nebensache. Und das mit einer einzigen Mail an eine Nachwuchsjournalistin. Respekt, Herr Sitwell. Schöner Name, übrigens.

Aber man muss kein Promi sein, um mit einem öffentlichen Streit für peinlich berührtes Augenrollen zu sorgen. Ende 2018 gerieten zwei erwachsene Männer in einer Essener S-Bahn in Streit. Erst bewarf der eine den anderen mit Pizza, dann konterte das Opfer mit Nudeln. Beide wurden festgenommen und mussten je 25 Euro für die Reinigung des Waggons bezahlen. Wer wegen so etwas in der Zeitung landet weiß, wie das Wort »Blamage« buchstabiert wird.

VON SEXY GRAMMOFONTEILEN, DEM UNTERGANG UNSERER VON BENZIN ANGETRIEBENEN WELT UND ÜBERRASCHEND AUFTAUCHENDEN VOLVO KOMBIS: DIE BLAMABELSTEN SONGS UND SCHLAGERTEXTE DES DEUTSCHSPRACHIGEN UNIVERSUMS

Machen wir uns nichts vor, der deutsche Schlager ist ein Höllenpfuhl. Seine Akteure sind so kreativ wie ein Geschenkgutschein von Douglas, ihr Lächeln ist so echt wie eine Rolex vom Flohmarkt. In diesem Genre ist die M.S. Niveau nicht nur untergegangen, nein, sie hat sich auf dem Meeresboden vergraben. Musikalisch agiert (mit wenigen Ausnahmen) jede frisch zusammengewürfelte Schülercombo anspruchsvoller, inhaltlich müsste jeder Dialog einer x-beliebigen Dokusoap aus dem Vorabendprogramm eher für den Grimme-Preis nominiert werden. Ja, ich sehe sie an dieser Stelle aufmarschieren, die Wächter des deutschen Liedgutes. Allen voran Heinz Rudolf Kunze, der mit krauser Stirn und erhobenem Zeigefinger darauf hinweist, dass auch im englischsprachigen Raum Blödsinn verzapft wird, dass es selbst einem Bernhard Brink die Locken entkraust. Das ist inhaltlich richtig, spielt in diesem Text, siehe Überschrift, aber keine Rolle. Hier soll es um die Sünden von vielen Generationen deutschsprachiger Schlagerstars gehen, die sich von Radio über das Fernsehen bis hinein ins Internet gerettet haben und ihren bösen Zauber auch im 21. Jahrhundert verbreiten. Die vor lauter Alpenglühen und wahllosem Beischlaf stets besoffen wirkende Hydra ist nicht totzukriegen. Gerade erst kullerte der Kopf von Karl »Stadl« Moik vorbei, da wachsen solche Rüben wie Beatrice Egli oder Norman Langen nach. Der Kampf scheint aussichtslos. Höchste Zeit also, sich ein paar besonders blamable Textproben vorzunehmen und entsprechend einzuordnen.

Beginnen wir mit einem ganz Großen der Branche. Tony »Fiffi« Marshall, bürgerlich Herbert Anton Bloeth (nein, das wäre zu einfach), hatte seinen letzten Top-Ten-Singlehit im Jahr 1973, mäandert aber immer noch durch die Gegend, als wäre nichts gewesen. 1983 veröffentlichte er recht erfolglos eine Single, die an Schlüpfrigkeit bis heute schwer zu überbieten ist. *Ach lass mich in deinem Wald doch der Oberförster sein* ist die Hommage an den Wald einer Frau (heute würde das nicht mehr funktionieren, weil die meisten eher Lichtungen besitzen), die der Icherzähler im Text gerne für sich hätte. Zeilen wie »Dann kommt kein Wilddieb und kein fremder Jäger mehr hinein« zeugen vom Alleinherrscheranspruch des Barden auf das Unterholz seiner Angebeteten. Dass er ebenfalls etwas zu bieten hat, macht folgende Zeile deutlich: »Manch einer jagt gern bunt karierte Schürzen. Der andre jagt den Kohlen hinterher. Ich aber jage gern mit meinem großen Schießgewehr.« Ja, der Tony streift nicht mit einer Wasserpistole durchs Gestrüpp, da ist schwere Artillerie im Anmarsch. Die »holde Maid« kann sich auf den einen oder anderen Sturmangriff gefasst machen. Passend dazu das Cover, auf dem ein übergewichtiger, durchs Fernglas geifernder Förster zu sehen ist, den eine anständige Dame nicht mal in ihren Vorgarten lassen würde. Vom Wald ganz zu schweigen. Wie erwähnt blieb der vertonte Anmachversuch, der übrigens aus der Feder von Schlagerfließbandschreiber Jack White stammte, kommerziell ziemlich erfolglos. Auch von der B-Seite der Single, *Nur du*, hörte man nie wieder.

Weitaus bekannter dürfte das Stück *Das schöne Mädchen von Seite 1* sein, das Howard Carpendale 1970 einem größeren Publikum bekannt machte. Denn mit dieser Hymne an eine Schönheit aus einem Versandhauskatalog (hüstel …) gewann der Südafrikaner den Deutschen Schlagerwettbewerb und setzte sich gegen Giganten wie Nina Lizell, Eric Thomas oder Pat Simon durch, von denen die meisten Menschen wahrscheinlich noch nie in ihrem Leben etwas gehört haben. Egal, Howie und sein schnuckeliger Akzent waren fortan in Deutschland etabliert und sind es bis heute, die Musik zu dieser Ode an eine »Frau im roten Pullover«, wie sie im Text genannt wird, stammt von Henry »Hans Blum« Valentino, dessen Spezialität die dezent schlüpfrigen Nummern waren. »Ich hab dein Knie gesehen« röhrte Blum gleich selbst ins Mikro und sorgte beim Publikum für errötendes Gekicher. Schließlich wurden hier die einzelnen Bauteile eines Grammofons mit denen einer Frau verglichen. Zwinker, zwinker und so. Aber hey, es war 1974, da durften Frauen ja nicht mal wählen oder arbeiten gehen, oder? Kurz darauf folgte sein wohl bekanntester Hit unter eigenem Namen, *Im Wagen vor mir*. Besagtes Stück, bei dem der weibliche Part von der früh verstorbenen Chanteuse Ursula Peysang übernommen wurde, spielte nicht nur mit der Angst einer Frau vor einem sexuellen Übergriff, die einen älteren Herrn mit riesigem Gebiss hinter sich im Rückspiegel entdeckt, sich von ihm verfolgt fühlt und schließlich hinter eine Hecke flüchtet, um den geifernden Gigolo endlich loszuwerden. Nein, dank seines endlos wiederholten Schwachsinnstextes »Rada rada radadada« (bitte wiederholen, bis die Lippen völlig gefühllos werden) war die Nummer so simpel, das solch herausragende Künstler wie Die Toten Hosen, Sasha, Schäfer Heinrich, Otto Waalkes und Helene Fischer und weitere Leuchttürme der deutschen Kulturlandschaft eigene Versionen von dem Siebziger-Schlager einspielen mussten. Auf dass dieses wunderschöne Lied niemals vergehen möge.

Musikexperten werden eine gewisse stilistische Ähnlichkeit mit dem Stück *Zigeunerjunge* der Sängerin Alexandra erkennen, und richtig, auch die Nummer stammt aus der Feder von Hans Blum. Nur dass es dieses Mal ein zünftiges »Tam ta ta tam tam ta tam tam ta tam« das »Rada rada radadada« ersetzt. Auch verfolgt in diesem Fall ein Mädchen einen jungen Mann, genauer einen Zigeunerjungen, der so schön Gitarre spielen kann, die schmachtende Maid aus deutschen Landen aber nicht groß beachtet und eines Tages einfach verschwunden ist. Und es gab nicht mal ein paar zünftige sexuelle Anspielungen oder Ähnliches. *Zigeunerjunge* erschien bereits 1968 und wurde ein Hit. Erstaunlicherweise beschwerten sich weder Vertreter von Sinti und Roma über die ehrabschneidende Bezeichnung als Zigeuner, noch warnten AfD-Politiker vor Überfremdung unserer Schützenplätze und vermehrtem Hühnerdiebstahl. War vielleicht doch 'ne einfachere Zeit damals.

Geschätzte 97 Prozent aller Schlagertexte handeln von (verschmähter) Liebe, Liebeskummer, neuer Liebe, alter Liebe und Liebesakten. Das ist schlimm, wesentlicher schlimmer wird es allerdings, wenn alt gediente Schlagerrecken plötzlich ihr soziales Gewissen entdecken und in ihren Songs von real existierenden Problemen fabulieren. 1979 sah sich ausgerechnet das in Tunesien geborene, von kubanischen Eltern abstammende, heiter-komödiantische Tischfeuerwerk Roberto Blanco genötigt, die Ölkrise zu thematisieren. Die hatte zu diesem Zeitpunkt zwar schon ein paar Jahre auf dem Buckel, aber das wollen wir nicht so eng sehen. Blanco entwirft einen deutschen Alltag ohne Verbrennungsmotoren, leidet mit Tankwarten, Fahrlehrern und gar der Polizei mit (die jetzt kaum noch Strafzettel verteilen darf), hat aber für alles eine Lösung. Fahrzeuge werden durch alternative Energien oder zur Not auch Kinderarbeit angetrieben, Polizisten wenden ihren Bußgeldkatalog auf Fußgänger an, der Tankwart funktioniert seinen Zapfhahn gar nicht so sehr um, und alle sind irgendwie glücklich. Im Song heißt es dann: »Einen alten Sechszylinder, schieben lachend dreißig Kinder, und der Lehrer sitzt am Steuerrad ganz groß. Und der Tankwart sagt: Von mir aus, statt Benzin schenk' ich halt Bier aus, dann wird keiner seinen Führerschein mehr los.« Vom Versmaß mal abgesehen, bleiben Hörerinnen und Hörer auch inhaltlich schwer getroffen und fassungslos zurück. Pilsbier aus Zapfsäulen, Kinder schieben ihren Lehrer durch die Gegend, Mercedes, VW und Porsche für immer pleite. Was für eine Dystopie. Dagegen sind

Werke wie *Verney, der letzte Mensch*; *1984* oder *Fahrenheit 451* reine Popcornunterhaltung. Bleibt noch zu erwähnen, dass dieses kleine Meisterwerk nicht aus der Feder von Blanco, sondern von Bernd Meininger stammt, der nach eigenen Angaben über 4.600 Songtexte geschrieben hat, sich die eigenen Lieder allerdings nie angehört. Nicht zuletzt dank Blancos Öko-Hymne bekommt man eine Ahnung, warum das so sein könnte.

Was Gus Backus uns mit seiner Wild-West-Hymne *Da sprach der alte Häuptling der Indianer* von 1960 eigentlich genau sagen wollte, liegt im Dunklen der Geschichte. Grob geht es um den Überfall des weißen Mannes auf das Land und das Leben der Ureinwohner Amerikas, schon klar. Aber der alte Indianerhäuptling aus dem Lied wird erst von seiner Frau am Ausgraben des Kriegsbeils gehindert und, kaum ist er in Skalpierlaune, vom »weißen Mann« als Eisenbahnschaffner angestellt. Die Geschichte ist weder historisch korrekt, noch lustig, noch ergibt sie irgendeinen Sinn. Für den gebürtigen US-Amerikaner Backus markierte sie allerdings den Durchbruch, er sang unzählige weitere Schlager ein (sein Akzent war ja auch putzig) und spielte in so ziemlich jeder deutschen Filmklamotte dieser Zeit mit. Und von Menschen, die innerhalb von nur drei Jahren in Machwerken wie *Unsere tollen Tanten, Drei Liebesbriefe aus Tirol, Ohne Krimi geht die Mimi nie ins Bett, Unsere tollen Nichten* und *Übermut im Salzkammergut* mitspielen müssen, um sich ihr karges Wasser und Brot zu finanzieren, sollte man auch keine lyrischen Großtaten erwarten. Nicht mal, wenn sie sich wie in diesem Fall von einem österreichischen Kabarettisten namens Peter Wehle unter die Arme greifen lassen.

Doch wir wollen nicht nur auf unsere Ahnen zeigen. Heutige Generationen bringen viel schlimmere Dinge auf den Markt und werden dafür abgefeiert, als hätten sie Donald Trump die Auswirkungen des Klimawandels begreiflich gemacht. Um Mallorca und diverse Ski-Hütten in den Alpen herum hat sich eine ganze Industrie von Schlagerzombies etabliert, die dem feierwütigen Mob Jahr für Jahr einheizen wollen oder müssen. In erster Linie wohl müssen, denn wer stellt sich schon freiwillig einen ganzen Sommer lang jeden Abend in eine spanische Kaschemme, um bei 80 Prozent Luftfeuchtigkeit und dem Duft von Schweißachselerbrochenem gemixt mit Sonnencreme dem gerade mal volljährigen Teenager den Vollrausch zu versüßen? Die lassen dann zu Tim Toupets Zeilen wie »Ich bin lecker schön und heiß, weil ich eines sicher weiß – Baguette macht fett, Sushi macht wuschi, Pizza macht spitzer, aber Döner macht schöner« den ganzen Frust vom gerade so bestandenen Abi und dem bevorstehenden BWL-Studium ab, bevor sie Papas Firma übernehmen dürfen.

Mickie Krause, ein weiterer Kandidat aus dem dauerlustigen Metier, dichtete gar: »Quando, Calzone, Vaselino de Volvo Kombi … quatsch. Finger im Po, Mexiko … Finger im Po, Mexiko.« Respekt, hier stimmt endgültig gar nichts mehr, weder Sprache, noch Versmaß, es ist einfach eine sinnlose Aneinanderreihung von Worten, vielleicht eine Neuinterpretation des Dadaismus. Nur eben für Feierbiester geschrieben, die ihre Muttersprache längst in einen halb vollen Eimer mit alkoholisiertem Wein-Mischgetränk gereihert haben. Nicht weiter erstaunlich, dass sich der vierfache Familienvater Krause öffentlich unter einer Perücke versteckt.

Aber auch außerhalb der hochprozentigen Dschihadistencamps für professionelle Lebersprenger völlig unbekannte Figuren wie Libero 5, der seine komatöse Fangemeinde mit Zeilen wie »Die Stimmung die ist toll. Doch irgendwann hat jeder dann die Blase proppenvoll. Pulleralarm« (aus dem unterschätzen Mega-Hit *Der ganze Bus muss Pipi*) umgarnt, können noch ein paar müffelnde Euro machen, wenn sie ihren Ekel überwinden und jegliche Würde an der Garderobe abgeben. Doch es soll ja Menschen geben, die da gar nicht so viel abzugeben haben. Also setzten wir Mirja »20-Zentimeter-Möhre« Boes und Ina »Luftmatratzenpumpe« Colada auf ein rotes Pferd und lassen sie zu weiteren beliebten Malle-Hits wie *Wochenende, Saufen, Geil*; *Sie ist vorne gut gebaut (alles nur geklaut)* oder der Tequila-Hymne *Lecken, Schlucken, Beißen* ins mallorquinische Morgenrot reiten. Vielleicht hat ja wenigstens der Gaul Geschmack und stürzt sich ins Mittelmeer.

VON UNZERSTÖRBAREN HANDYS, BLENDGRANATEN ZUM NACHMITTAGSTEE UND STAPLERFAHRER KLAUS: BLAMABLE MOMENTE IM ARBEITSLEBEN

Neuesten Umfragen zufolge können sich über 70 Prozent der arbeitenden Deutschen nicht mit dem Unternehmen identifizieren, in dem sie schuften. 14 Prozent gaben an, innerlich längst gekündigt zu haben. Das sind erstaunliche Zahlen, wenn man bedenkt, dass die meisten Arbeitnehmer im Büro oder der Werkhalle mehr Zeit verbringen als in der Stammkneipe. Liegt da vielleicht ein Grund versteckt, warum es so viele blamable Momente im Arbeitsleben gibt? Möglich, Fakt ist jedenfalls, dass wir uns an kaum einem anderen Platz so gerne in die Nesseln setzten wie hier. Eine kleine Auswahl zum Fremdschämen gefällig?

In Zeiten der totalen Vernetzung ist es nicht ungewöhnlich, dass Daten vom Diensthandy in die Cloud, von dort aus auf einen Stick und schließlich auf einen Laptop geschoben werden, der dann für eine Präsentation vor der ganzen Abteilung genutzt wird. Dabei sollte sichergestellt werden, dass letztlich nur Bilder dabei sind, die auch für alle Augen gedacht sind. Die Abteilungsleiterin eines Modemagazins war für ein Wochenende dienstlich bei irgendeiner Schickimicki-Veranstaltung und hatte fleißig Bilder geknipst und ein paar kurze Interviews geführt. Um dem Online-Team der Zeitschrift einen Überblick über das Material zu verschaffen, hatte sie die wichtigsten Bilderstrecken und Filmchen zusammengeschnitten. Die liefen nun im Konferenzraum über einen überdimensionierten Bildschirm. Leider hatte die Chefin ihr Diensthandy, vermutlich gegen jede betriebsinterne Anweisung, abends im Hotel ebenfalls in Gebrauch. Die nicht mehr ganz taufrische Dame war in Bild und Ton mit einem Toy Boy beschäftigt. Bis der PC ausgeschaltet war, hatten die im Schnitt 30 Jahre jüngeren Mitarbeiter genug gesehen, um ihr Leben lang ihre eigenen Albträume mit wirklich gruseligen Bildern zu bestücken. Die sonst als nicht sonderlich freizügig, sondern eher robust asexuell geltende Abteilungsleiterin sagte erst mal nichts, danach auch nichts und reichte umgehend ihre Kündigung ein. Sie soll in eine sehr einsame Gegend gezogen sein.

Aber hey, die Technik ist eben nicht zwangsläufig unser Freund, wie auch schon ganz andere Menschen erkennen mussten. Als Super-Nerd und Microsoft-Gründer Bill Gates das neue Windows 98 zum ersten Mal der Öffentlichkeit vorstellen wollte, erschien auf der Leinwand nur der berühmte blaue Bildschirm, den jeder Microsoft-Benutzer im Laufe seines Lebens wahrscheinlich schon 100 Mal gesehen hat. Die Techniker fummelten hier, die Programmierer hantierten da herum, der Bildschirm blieb blau und nichts als blau. Gates verkündete, dass genau solche Pannen der Grund seien, warum Windows 98 bisher noch nicht ausgeliefert wurde. Wie wir wissen, war das gelogen, denn sonst wäre es bis heute nicht in den Läden.

Bleiben wir doch gleich bei Microsoft und ihren legendären Präsentationen. 2015 stellte die Firma in Person des indischen Superinformatikers Satya Nadella (mittlerweile Vorstandsvorsitzender von Microsoft) die digitale Sprachassistentin »Cortana« vor. Vor versammelter Presse und Fachpublikum sollte die Software auf Sprachbefehle reagieren und dem User, in diesem Fall Nadella, die Deals anzeigen, die am ehesten scheitern könnten. »Cortana« verstand statt »Show me my most at-risk opportunities« allerdings »Show me to buy milk at this opportunity«. Nadella versuchte es noch einmal, bekam aber wieder nur Tipps, wo es in der Nähe Milch zu kaufen gibt. Schließlich wurde die passende Information von einem Mitarbeiter per Hand eingegeben und an den Computer gesendet. Am Akzent des Inders kann es jedenfalls nicht gelegen haben, schließlich nimmt das Programm »Cortana« für sich in Anspruch, Akzente, Sprachmelodien und Sprachgeschwindigkeit sehr genau einordnen zu können.

Der mittlerweile verstorbene Konkurrent und Apfel-Fan Steve Jobs erlebte 2010 eine ähnliche Pleite, als er in Kalifornien das brandneue iPhone 4 vorstellen wollte und das überteuerte Wunderwerk der Technik nicht mal eine einfache Seite aus dem Internet aufrufen konnte. Diverse Versuche später gab Jobs zerknirscht auf und ließ später verbreiten, es seien einfach zu viele andere Handys im Raum gewesen. Keine schlechte, sondern eine ganz schlechte Ausrede für einen Marktführer. Ausreden konnte sich die US-Firma Sonim im gleichen Jahr gleich ganz sparen. Sie stellten das »unzerstörbare« Handy vor, ein Mitarbeiter donnerte die Handgurke gegen die Ecke eines Aquariums, und prompt ging das Gerät den Weg all der Dinge, die »unzerstörbar« sind (siehe Titanic usw.).

Entfernen wir uns von den Technik-Freaks und schauen uns ein wenig in anderen Berufsgruppen um. Der Einsatzleiter eines Sondereinsatzkommandos der Polizei zum Beispiel hat eine verantwortungsvolle Aufgabe. Er sollte schon wissen, in welche Wohnung er mit einem Trupp schwer bewaffneter Kollegen eindringt und herumbrüllt. Kurz vor Weihnachten 2018 kam ein solcher Leiter in Lüdenscheid ein wenig durcheinander. Anstatt die Butze eines vorbestraften und unter anderem wegen illegalen Waffenbesitzes gesuchten Mitglieds einer Motorrad-Gang zu stürmen, landete die komplette Kapelle bei einer 88-jährigen Dame, die garantiert kein Motorrad mehr fährt. Die Polizisten fuhren das volle Programm auf, inklusive Rammbock für die Wohnungstür und Blendgranaten. Als die Polizisten den Irrtum bemerkten, entschuldigten sie sich freundlich und versuchten es zwei Hauseingänge weiter noch einmal. Dieses Mal erwischten sie den bösen Burschen, wahrscheinlich ohne Blendgranaten. Die hatten sie alle bei Oma Meyer verballert.

Die finnische Polizei stand vor einigen Jahren vor einem ganz anderen Problem: Sie hätte Russlands Präsident Putin festnehmen

müssen. Denn dessen Name tauchte auf einer streng geheimen Liste mit den größten Verbrechern auf. Hintergrund der Geschichte war die Schnarchnasigkeit eines Mitarbeiters. Der hatte diverse Fotos der Motorrad-Gang »Nachtwölfe« durchgesehen, die in Russland und anderen osteuropäischen Ländern immer größer, mächtiger und wohl auch gefährlicher werden. Deshalb hat Nachbar Finnland ein besonderes Auge auf diese Vereinigung. Auf den Fotos tauchte immer wieder ein kleiner Mann mit schütterem Haar auf, der mit den Bossen posierte. Offensichtlich der Oberwolf. Der Mitarbeiter recherchierte den Namen des Typen und trug artig Wladimir Putin in die Liste der schlimmsten Verbrecher ein. Dass dieser Herr der russische Präsident ist, kam dem Kollegen nicht in den Sinn (wobei das eine das andere nicht ausschließt, aber das ist ein anderes Thema). Der Fauxpas wurde nach wenigen Stunden bemerkt und korrigiert. Hätte Putin in dieser Zeit zufällig die Grenze überschritten, wäre er unter Umständen tatsächlich in den Bau gewandert. Und Finnland kurz darauf wahrscheinlich wieder unter russische Herrschaft geraten.

Handwerker wiederum sind ein Berufsstand für sich. Sie leben in einer Welt voller Schmierfette, Winkelmaße und 1.000 anderer Dinge, die kein normaler Mensch jemals benötigt. Ihr Frühstücksbier lassen sie sich ebenso wenig nehmen wie den Kalender der Schraubenfirma Wüstling, der im Aufenthaltsraum hängt und in jedem Monat eine andere nackte Frau zeigt, die sehr wahrscheinlich auch nichts von Winkelmaßen versteht. Zu Terminen kommen sie grundsätzlich zu spät, weil »die Spaxmaschine den Dremel gefressen hat, da mussten wir noch mal an' Baumarkt ran, neues Fräsfutter besorgen« oder so ähnlich. Diese zumeist immer noch männlichen Wesen sind zudem mit einem Selbstbewusstsein ausgestattet, das immer wieder überrascht. Liegt vielleicht daran, dass Handwerker glauben, mit ihren Fähigkeiten wirklich jedes Problem in den Griff zu bekommen, was allerdings eine Illusion ist. Denn auch sie blamieren sich gerne und regelmäßig, wie diverse ins Nichts laufende Treppen, falsch herum montierte Türklinken und Steckdosen mit Wasseranschluss beweisen. Schön auch der Maler, der ein komplettes Flachdach gestrichen hat und jetzt mitten auf dem Dach in einem kleinen, ungestrichenen Viereck steht und überlegt, wie er aus dieser Sache wieder herauskommt. Im Zweifelsfall erst dann, wenn die Farbe getrocknet ist. Der Fahrbahnbeschrifter, der auf die Kreuzung einer deutschen Großstadt das Wort »Sotp« statt »Stop« schrieb, musste wahrscheinlich nach Feierabend noch mal ran.

Ganz schwierig scheint es immer dann zu werden, wenn Gabelstapler mit ins Spiel kommen. Jeder, der die Oscar-verdächtige Dokumentation *Staplerfahrer Klaus* gesehen hat, weiß, wovon die Rede ist. Diese ulkigen Gefährte, die sich wie ein Autoscooter auf der Stelle um die eigene Achse drehen lassen, die aber auch in der Lage sind, eine massive Wand einzureißen, üben eine besondere Faszination aus. Man sollte allerdings keine Rennen mit ihnen fahren, nicht mal in der Nachtschicht, wenn der Chef in seiner aus Marmor errichteten Villa schläft und von drei Euro Mindestlohn träumt. Denn Gabelstapler können umfallen, wenn man die Kurven zu scharf und schnell nimmt. Zwei Arbeiter einer Firma gaben sich diesem Vergnügen aber jede Nacht hin. Durch die Halle, über den Hof, hinter den Reststoffcontainern eine Schleife fahren und wieder zurück. Eines Morgens kam der Chef in die Firma und fand einen seiner sauteuren Stapler auf der Seite liegend im Hof, während die Belegschaft mit nach oben gerichteten Blicken und Händen in den Taschen an ihm vorbeispazierte. Das 3-Tonnen-Ungetüm musste mit einem Kran wieder aufgerichtet werden. Aber wenigstens ließ sich der Rennfahrer nicht erwischen, während ein anderer Künstler am Steuer seinen Stapler auf dem Firmengelände auf eine Rasenfläche lenkte, um einem entgegenkommenden Auto auszuweichen. Ach, mehrere Tonnen schwere Gefährte fahren nicht einfach so über die Wiese, sondern sinken bis zur Achse ein und lassen sich dann nicht mehr bewegen? Wieder was gelernt. Auch die Tatsache, dass das Hubgerüst höher als der Stapler selbst ist und halb geöffnete Rolltore deshalb nicht zwangsläufig geöffnet genug sein können, kann zu blamablen Momenten führen. Aber solange die Herrschaften die eigene Firma zu Klump fahren und beim Kunden einigermaßen vorsichtig und korrekt sind, lassen wir das gerade noch so durchgehen. Dem Kanadier Jerry Bance helfen diese Hinweise allerdings nicht mehr. 2012 reparierte er auftragsgemäß eine Spülmaschine in einer fremden Wohnung. Weil er anschließend pinkeln musste, schnappte er sich eine leere Tasse, pinkelte hinein, kippte den Inhalt ins Waschbecken und stellte das »benutzte« Gefäß wieder zurück in die Spüle. Leider wurde er davon von Kameras gefilmt, ein TV-Sender wollte die Zuverlässigkeit von Handwerkern prüfen. Es war extrem peinlich, aber das öffentliche Echo hielt sich in Grenzen, bis Bance ein paar Jahre später für das kanadische Parlament kandidieren wollte. Der Film seiner Entleerungsaktion wurde ins Netz gestellt, die Partei von Bance zeigte sich entsetzt, der Heimwerker mit Politikambitionen musste seine Kandidatur zurückziehen. Tja, erst gut, dann schlecht gelaufen.

VON MÜNZEINWURFSCHLITZEN, GRIECHISCHEN BUSENTITANEN UND REBELLENBLUMEN: DIE BLAMABELSTEN TATTOOS DER WELT

Was das Handy/Smartphone in der Welt der Technik ist das Tattoo in Sachen Körperschmuck. Vor wenigen Jahrzehnten rannten nur wenige Menschen damit durch die Gegend, heute fallen die auf, die keines besitzen. Doch während der allwissende Taschencomputer mit Telefonfunktion mehr oder minder im Einheitslook daherkommt, sich also nur durch die Ausstattung und den Preis unterscheidet, gibt es bei Tätowierungen riesige Unterschiede in Motivwahl und Ausführung. Der Tintlinge-Boom hat zudem dazu geführt, dass jeder abgebrochene Malerlehrling, der unfallfrei einen Buntstift halten kann, heute ein Tattoo-Studio eröffnet, um seine Mitmenschen mit summender Nadel nachhaltig zu verschandeln. Oder der Fehler liegt am anderen Ende der Verwertungskette und der Kunde wünscht sich ein Bild/ einen Schriftzug / ein Symbol, das jenseits aller Definitionen von Geschmack liegt. Ein großer Spaß für diejenigen, die nicht damit durchs Leben laufen müssen und sich an dieser Stelle völlig zu Recht amüsieren dürfen.

Beginnen wir mit Motiven, die die Unterleibsregion zum Thema haben und bei vielen Menschen zumindest für ein skeptisches Stirnrunzeln sorgen. Diverse Männer haben zum Beispiel den Schriftzug »Kein Trinkwasser« unter dem Hosenbund eingeritzt, gerne mit einem Pfeil nach unten versehen, um die letzten Zweifel zu beseitigen. Dem Ersten, der sich dieses Kleinod anbringen ließ, mag man ja noch ein Mindestmaß an Kreativität bescheinigen. Die Heerscharen von Nachahmern sind einfach nur schwer peinlich, was die Träger aber nicht weiter zu irritieren scheint. Sie toben grölend durch den Sand von Mallorca oder Ibiza und präsentieren ihren tätowierten Scherz hauptsächlich denen, die ihn nicht sehen wollen. Das an gleicher Stelle angebrachte Gesicht von Pinocchio mit der »natürlichen Verlängerung« als Nase geht in eine ähnliche Richtung.

Doch auch die Rückseite scheint für viele Zeitgenossen ein passender Ort für einen kleinen Scherz zu sein. Nehmen wir das Maurerdekolleté, das sich manche Herren der Schöpfung gerne mit geprickten Sätzen der Marke »Bitte werfen Sie eine Münze ein« oder »Leck mich« verzieren lassen. Ist einmal ganz lustig, dürfte als 90-jähriger Greis im Pflegeheim aber zu Problemen führen. Das junge Pflegepersonal könnte die Aufforderungen wörtlich nehmen. Dann doch lieber einen Piepmatz aufs Steißbein nadeln lassen, der seine Notdurft in der natürlichen Ritze platziert. Das hat so was von analer Phase eines Kleinkindes und ist damit fast schon wieder niedlich. Ganz anders als die »Arschgeweihe«, die mal eine Zeit lang in Mode waren und für die sich die Trägerinnen heute oftmals in Grund und Boden schämen. Viel schlimmer ist allerdings ein sehr kurzlebiger Trend, der direkt im Anschluss zu beobachten war. Da ließen sich Damen aus, nun ja, einfacheren Verhältnissen bisweilen das Wort »Schlampenstempel« auf den Steiß tätowieren. Eine Idee, die sich außerhalb gewisser Kreise nie so richtig durchsetzen konnte. Gleiches gilt für bemalte Handinnenflächen, da Tattoos dort aufgrund der Hautschicht nicht gut zur Geltung kommen und die Prozedur sehr schmerzhaft sein soll. Das hielt einen jungen Mann aus Großbritannien allerdings nicht davon ab, sich in beide Hände den Satz »Bitte platzieren Sie Ihre Brüste hier« stechen zu lassen. Ein anderer Typ fand es clever, sich seinen eigenen Namen auf die Brust pricken zu lassen. So weit okay, aber die einzelnen Buchstaben bestehen aus Penissen samt Gehänge. Was will uns dieser Mensch damit sagen? Einfacher wird es bei dem jungen Mann, der sich für einen erigierten Penis mit einer Hand entschied. Dieses Motiv prangt bei ihm auf der Innenseite des rechten Unterarms. Klarer Fall, der Kollege saß immer wieder vor dem PC oder Papas

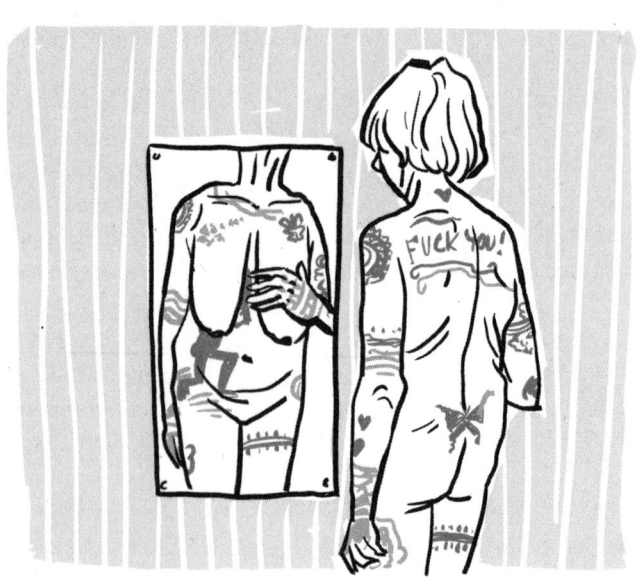

Playboy-Sammlung und konnte sich nicht daran erinnern, welche Hand er nun benutzen sollte. Das Problem hat er für immer gelöst. Augenwischerei betreibt hingegen die Dame, die sich den griechischen Titan Atlas unter eine ihrer Brüste malen ließ. Klar, noch funktioniert der Witz, dass die Sagengestalt nicht die Erdkugel, sondern einen ihrer Möpse hält. In zehn oder 15 Jahren könnten von der schön gearbeiteten Figur aber nur noch die Beine zu sehen sein. Tattoos können ihrem Träger Kraft geben, setzen aber leider nicht die Schwerkraft außer Kraft.

Über Geschmack lässt sich natürlich streiten. Wenn jemand der Meinung ist, sich »Meister Propper« auf den Arm, die Verpackung eines bekannten Schokoriegels auf die Glatze oder dieses dezent debil grinsende Kind der Hustenbonbon-Marke »Em-eukal« auf den Hintern nadeln zu lassen, bitte sehr. Auch Porträts können in den Augen des Auftraggebers als gelungen gelten, selbst wenn der vom Foto abgemalte Pitbull plötzlich wie ein aus Korb geflochtener Glasuntersetzer oder der frisch geborene Sohn wie ein 80-jähriger Jazzmusiker aus New Orleans aussieht. Über Rechtschreibung hingegen lässt sich nicht streiten, denn hier gibt es feste Regeln, die sich auch für Tätowierer nicht ändern. Trotzdem scheint es einen nicht geringen Teil von Profistechern zu geben, die dieser Meinung sind. Der ultimative Klassiker ist das im Netz über Monate gefeierte Tattoo, das in krakeliger Schrift »›It's Is My Life‹ – Jon Bovi« zeigt. Hier stimmen weder Songtitel noch Bandname, der Schriftzug ziert einen Bon-Jovi-Fan, seine Freundin stellte das Meisterwerk ins Netz. Nachdem mehrere Menschen Zweifel an der Authentizität äußerten, ist mittlerweile klar: Das Ding ist echt, und die Dame muss es jeden Tag an ihrem Freund ertragen. Wenn das keine Liebe ist. Kurz zuvor wurde ein junger Mann für 15 Minuten berühmt, auf seinem Arm prangt der wunderschöne Satz »Fuck The Systsem«. Wahrscheinlich war das Absicht, und der Schreibfehler schon ein Angriff auf Konrad Duden und seine ganze spießige Bande. Aber auch Schriftzüge wie »No Regets«, »No Regerts«, »Living Is The Stronges Drug«, »Life's To Short«, »Too Cool For Scool«, »Keep Smileing«, »Dad's Aingl«, »My Mum Is My Angle« (Meine Mutter ist mein Knie, wirklich schön), »Music Are The Words I Cant Speek«, »Take It Ease«, »Vinni Viddi Vicci« (Man könnte »Veni, Vidi, Vici« dahinter vermuten, sicher ist das allerdings nicht), »Nollege Is Power« (»Knowledge« erscheint angebracht), »Never Don't Give Up« und Millionen anderer Beispiele lassen sich nachweisen. Wenn man bedenkt, dass in einem einigermaßen seriösen Tattoo-Shop Alkohol und Drogen sowohl für den Nadel-Picasso als auch für die Leinwand verboten sind, wirft das schon einige Fragen auf. Geht hier eigentlich überhaupt noch jemand in die Schule? Und wenn ja, warum? Fragt sich heute wahrscheinlich auch ein Skinhead, der sich in monströs großen Lettern das Wort »Deutschand« auf den Rücken tackern ließ. In dem Fall aber auch nicht sonderlich tragisch. Der Satz »Es ist nie zu spät für eine schöne Vergangenheit« wirft hingegen eher inhaltliche Fragen auf und könnte auf Partys zumindest als Anstoß für eine Diskussion über Zeitreisen dienen.

Kommen nicht Englisch oder Deutsch, sondern wesentlich exotischere Sprachen zum Einsatz, ist die Fehlerwahrscheinlichkeit natürlich noch einmal deutlich höher. Am Ende kann sich der stolze Träger chinesischer Schriftzeichen nie ganz sicher sein, ob da am Knöchel wirklich »Glaube, Liebe, Hoffnung« steht, oder nicht vielleicht doch »Ente süßsauer mit Reis« oder gar »Alle europäischen Langnasen sind Vollidioten«. Prominente Zeitgenossen lassen sich besonders gerne fremdländische Zeichen in die Haut hacken, das erhöht den Anschein von Exklusivität. Ex-Kicker David Beckham zum Beispiel ließ sich den Namen seiner Gattin Victoria auf den eh schon wie eine Kinderzimmertapete aussehenden Unterarm stechen, und zwar in Sanskrit. Nun steht da Victhoria, was aber kein größeres Problem darstellt. Schließlich kann das ehemalige Spice Girl zumindest in Sachen Ego locker mit Thor mithalten. Die ebenfalls amtlich zugehackte Sängerin Rihanna trägt die französische Wendung »rebelle fleur« am Schwanenhals spazieren. Blöd nur, dass französische Grammatik anders funktioniert als englische, statt »rebellische Blume« hat sie eine »Rebellenblume« auf der Haut. Kann aber auch cool sein, so ein Stiefmütterchen mit gestrecktem Mittelfinger und filterloser Fluppe im Mundwinkel … Kelly Osbourne wollte ihrer Mama huldigen, ebenfalls auf Französisch, mit einem großflächigen Tattoo auf dem Rücken. Neben Engelsflügeln und anderem Tinnef, den kein Mensch jemals mit Sharon Osbourne in Verbindung bringen würde, wollte die mopsige Nervbratze mit dem Satz »Ich liebe dich, Mama« Eindruck schinden. Aufgrund eines Grammatikfehlers steht an gleicher Stelle für immer und ewig nun der Satz »Ich liebe sie, die Mutter«. Na ja, ist zumindest nah dran. Britney Spears suchte sich das Wort »Geheimnisvoll« für ihre Hüfte aus, bekam dafür aber ein »Seltsam«, was in diesem Fall eigentlich viel besser passt. Ihr Tätowierer konnte halt nicht so gut Chinesisch. Noch ein bisschen schlimmer erwischte es die US-amerikanische Schauspielerin Amanda Seyfried (ja, die mit den unglaublich weit auseinanderstehenden Glubschern). Sie drehte mit dem britischen Kollegen Colin Firth einen Film und hörte, wie er am laufenden Band das Wort »minge« benutzte. Sie wusste nicht, was es bedeutet, fand den Klang aber schön und ließ sich den Begriff als Erinnerung an die Dreharbeiten auf den Fuß stechen. Jetzt tapert die als eigentlich recht anständig geltende Dame mit dem Wort »Fotze« durchs Leben. Offensichtlich hat Frau Seyfried auch das Wort »Google« noch nie gehört.

Als weiterer Trend in der bunten Welt der Tattoos ist das Permanent Make-up eine beliebte Variante. Warum sollte sich die erfolgreiche Business-Frau jeden Morgen aufwendig schminken (Zeit ist Geld), wenn man sich die Farbe auch für alle Ewigkeiten auf das Gesicht lackieren lassen kann? Denken sich immer mehr Frauen, die anschließend allerdings nicht immer so aussehen, wie sie sich das vorgestellt haben. Nicht wenige Frauen haben plötzlich so dünne und hoch angesetzte Augenbrauen, dass sie sich im Stand permanenten Erstaunens befinden. Daniela Katzenberger war so ein Beispiel. Mittlerweile hat sie sich die Augenbrauen von der Stirn lasern lassen. Andere Frauen sind als solche kaum mehr zu erkennen, weil sie plötzlich Augenbrauengebüsche der Handelsklasse »Theo Waigel« mit sich herumtragen. Sehr apart. Was auch für die Damen geht, die gerne ein bisschen so aussehen würden wie Kleopatra, der letzte weibliche Pharao Ägyptens. Das Ergebnis sieht allerdings meistens aus, als wäre das Opfer kopfüber in einen Laden für Malerbedarf gekippt. Antike Grazie trifft neuzeitliche Dummheit, eine ganz besonders schöne Mischung. Aber immer noch getoppt von einer Frau, die sich offensichtlich für eine Waldelfe hält, denn sie ließ ihre Augenbrauen durch zwei mäßig adäquat gestochene Efeuranken ersetzen. Auf den Fotos im Internet sieht sie allerdings weniger wie eine Elfe als vielmehr wie ein sehr verwirrter Waldkauz aus, der irritiert durch ein Gebüsch starrt.

Doch auch die Männer versuchen da mitzuhalten, auch wenn eingefrästes Make-up eher die Seltenheit ist. Dafür lassen sich Männergesichter mit Brillen schmücken, warum also nicht gleich ein apartes Nasenfahrrad tätowieren lassen? Das haben sich anscheinend eine ganze Menge Typen gedacht, dabei aber nicht einkalkuliert, dass es a) einfach nur erbärmlich nach Kindergarten aussieht und sich b) die Dioptrienzahl im Laufe eines Lebens ändert. Den Besuch beim Optiker kann man sich so jedenfalls nicht ersparen.

Abschließend noch der Gegenbeweis, dass man mit ein paar wenigen ungelenken Strichen ein Bombenmotiv zustande bringen kann. In der Nachbarschaft des Autors wohnte vor Jahrzehnten ein Mann, der ein wahres Meisterwerk auf dem Unterarm trug. Es war ein Grabhügel, bestehend aus einem Halbkreis für den Hügel und zwei Strichen für das Kreuz. Neben dem Kreuz ploppte eine nicht ganz ellipsenförmige Sprechblase aus dem Hügel, in der das Wort »Hilfe« (Korrekt geschrieben!) zu lesen war. Was für eine Tiefe im Ausdruck, was für ein Monument, was für ein verdammt geiles Tattoo. Komplett unverständlich, warum daraus kein Trend wurde. So etwas würde wirklich jedem gut stehen.

VON PHANTOMPLANETEN, SELBSTKÜHLENDEN TIERFELLEN UND UNSICHTBAREN STRAHLEN: DIE BLAMABELSTEN THEORIEN DER MENSCHHEITSGESCHICHTE

Die Wissenschaft ist der Verstand der Welt«, sagte der russische Schriftsteller Maxim Gorki einmal. »Die Wissenschaft von heute ist der Irrtum von morgen«, hielt der baltische Biologe und Philosoph Jakob Johann Baron von Uexküll dagegen. Beide Geistesgrößen haben wohl auf ihre Weise recht, aber da es in diesem Buch um blamable Momente geht, wenden wir uns lieber von Uexküll zu. Der hatte nämlich schon Anfang des 20. Jahrhunderts erkannt, dass selbst die fähigsten Frauen und Männer ihres Faches manchmal meilenweit danebenliegen können. Was bei den nachfolgenden Generationen dann für völlig unberechtigte, aber umso schönere Heiterkeitsausbrüche sorgt.

So glaubten die Gelehrten über viele Jahrhunderte tatsächlich, dass die Natur so etwas wie eine Spontanzeugung im Programm hätte. Aus dem Nichts, jederzeit, Peng, einfach so da. Die Theorie wurde nicht auf Menschen oder Elefanten angewandt, das traute man der Natur dann doch nicht zu. Aber das ganze Kleinstgewusel, von Mücken über Käfern und Quallen bis hin zu kleineren Fischen, das entstand nach Meinung der Menschen tatsächlich einfach so. Auch beobachtete man Maden in totem Fleisch und ging davon aus, dass das Aas quasi diese possierlichen Kriechviecher gebären würde. Leben aus toter Materie. Erst im 17. Jahrhundert konnten Wissenschaftler beweisen, dass alles Leben einen, nun ja, lebendigen Ursprung hat. Wo das allererste Leben auf diesem Planeten hergekommen ist, kann allerdings bis heute niemand erklären. Wahrscheinlich lachen sich unsere Ahnen in einem Jahrhundert über so viel Unwissenheit kaputt.

Der französische Mathematiker Urbain Le Verrier hatte sich im 19. Jahrhundert bereits seine Meriten verdient, schließlich entdeckte er 1846 den Planeten Neptun. Allerdings nicht durch eine tatsächliche Sichtung, sondern durch Berechnungen von Umlaufbahnen. Rund 15 Jahre später dachte sich Le Verrier, es wäre mal wieder Zeit für einen neuen Planeten, schaute sich die Umlaufbahnen unserer direkten Nachbarn genauer an und entdeckte tatsächlich eine (bis dahin) unerklärliche Abweichung des Planeten Merkur. Folglich musste auch ihm ein Planet im Weg sein, den wir von der Erde aus nur nicht sehen konnten. Die Fachwelt bekam sich gar nicht mehr ein ob des neuen Planeten, der sodann auf den Namen »Vulkan« getauft und später Heimat von Mr. Spock wurde. Das Problem: »Vulkan« gab es nie, Albert Einstein entzauberte mit ein paar Berechnungen 70 Jahre später den Mythos vom geheimnisvollen Nachbarn. Da lag Le Verrier längst unter der Erde, ihn konnte es also nicht mehr treffen. Allerdings gibt es bis heute diverse Kryptoastrologen, die unbedingt an »Vulkan« glauben wollen und ihn irgendwo da draußen vermuten. Mögen sie Spaß an ihrem Hobby haben.

Bisweilen sind die widerlegten Theorien allerdings auch wesentlich banaler. So galt es bis in das Jahr 2012 als sicher, dass der moderne Büstenhalter um das Jahr 1900 erfunden wurde. Da in kurzem Zeitraum mehrere Patente in Deutschland und der Schweiz angemeldet wurden, ist das genaue Datum nicht zu ermitteln. Im Jahr 2012 wurde jedoch das Schloss Lengberg in Tirol renoviert. In einer unbeachteten Kammer stießen Forscher auf zwei Wäschestücke, die dem heutigen BH verblüffend ähnlich sahen. Sie stammten allerdings aus dem späten 15. Jahrhundert und wurden nachweislich getragen. Tja, so kann es manchmal gehen, wenn man den Dachboden aufräumt. 600 Jahre gesicherte Dessousgeschichte mit einem Schlag im Schmutzwäschekorb versenkt.

Doch kehren wir in den Schoß der Wissenschaft zurück, zumindest mehr oder weniger. Der deutsche Arzt Franz Joseph Gall lebte von 1758 bis 1828 und ging nicht als Erfinder der Gallseife in die Geschichte ein. Nein, Gall strebte nach Höherem, er entwickelte die Schädellehre, unter studierten Klugscheißern auch als Phrenologie bekannt. Gall war kein Spinner, er entdeckte viele Dinge am menschlichen Gehirn, die bis heute ihre Gültigkeit haben. Allerdings versteifte er sich irgendwann auf seine Lehre, die unter anderem besagte, dass man an der menschlichen Schädel- und Gehirnform dessen Charakter und Eigenschaften erkennen könne. Das ist hochgradiger Unfug, allein schon weil die Schädelform überhaupt nichts über die Form des grauen Denkapparates aussagt. Doch Gall ging noch weiter, unterteilte den Humanbrägen in diverse verschiedene Zonen, die für Eigenschaften wie Mut, Bedachtsamkeit, Kinderliebe oder Ehetauglichkeit verantwortlich sein sollten. Wies der Schädel an einer bestimmten Stelle eine Ausbeulung auf, so Gall, war die vermeintlich darunterliegende Eigenschaft besonders ausgeprägt. Diesen Blödsinn versuchte der Mediziner mit fragwürdigen Tests und Untersuchungen zu untermauern, was natürlich unmöglich war. Trotzdem sprangen anfangs nicht wenige Menschen auf den Zug auf, Gall ging europaweit auf Vortragsreise. Die Zweifel wurden aber schnell größer, immer mehr Kollegen und Gelehrte wandten sich ab, bis Gall schließlich alleine dastand. Zu Hochzeiten seines Erfolges löste er allerdings einen wahren Schädelboom aus. Begeisterte Anhänger stürmten die Friedhöfe, um Totenköpfe auszubuddeln und diese selbst zu untersuchen. Unter anderem fiel auch der Schädel des Komponisten Joseph Haydn in die Hände von Gall-Anhängern. Klingt irgendwie nach Satanskult, war aber nur die Folge einer blamablen, pseudowissenschaftlichen Theorie.

Vom Hirn geht es einige Stockwerke weiter nach unten, in den Genitalbereich. In dieser Gegend, so waren sich Mediziner bis in die 20er-Jahre des vergangenen Jahrhunderts sicher, sei der Ursprung der weiblichen Hysterie zu sehen. Frauen haben Stimmungsschwankungen, schreien unvermittelt durch die Gegend, fangen plötzlich an zu heulen und verhalten sich grundsätzlich etwas merkwürdig, so die gar nicht so ungenauen Beobachtungen verschiedener Ärzte (natürlich alles Männer) im Laufe der Jahrhunderte. Der Grund wurde Ende des 19. Jahrhunderts in den weiblichen Geschlechtsmerkmalen gesucht und gefunden, und alsbald wurde eine Theorie aufgestellt. Durch eine professionelle Massage an der richtigen Stelle sollte sich das Weibchen wieder beruhigen. Und man glaubt es kaum, es funktionierte tatsächlich ansatzweise. Unzählige Ärzte massierten im 19. Jahrhundert eine nach der anderen Dame bis zum Orgasmus durch, die dann mit einem zufriedenen Lächeln und keinerlei Anzeichen von Hysterie die Praxis verließen. Allerdings waren die Ärzte bald überfordert, sie bekamen Tennisarme und träumten schlecht. Deshalb versuchten Erfinder des Problems mechanisch Herr zu werden, bis der Brite Joseph Mortimer

Granville im Jahr 1883 schließlich den elektrischen Vibrator erfand. Er selbst habe, so machte er mehrfach deutlich, nie Frauen gegen Hysterie behandelt, das Krankheitsbild war ihm nicht eindeutig genug. Aber dank seiner Erfindung konnten sich Frauen ja jetzt im Alleingang heilen. Von was auch immer. Denn ob die Damenwelt wegen des Vibrators weniger schreit, heult oder von einer Minute auf die andere plötzlich alles doof findet, was vorher gut war, darf zumindest stark angezweifelt werden.

Dicke Luft herrschte von der Antike bis ins Mittelalter sowieso jeden Tag. Allerdings nicht im übertragenen Sinne, sondern ganz real. Oder um es anders auszudrücken: Von der Antike bis in die Neuzeit stank es die meiste Zeit und an den meisten von Menschen bevölkerten Orten so gotterbärmlich, dass im Vergleich selbst die heutige Stuttgarter Innenstadt bei einer Parade von Dieselfahrzeugen wie eine Blumenwiese duften dürfte. Dank des Miefs lag die Vermutung nahe, dass sich die diversen Krankheitserreger, die damals die Bevölkerung dezimierten, in dem Gestank versteckten und Mensch wie Vieh infizierten. Angesehene Ärzte der Antike vertraten die Miasma-Lehre, die sich über viele Jahrhunderte hielt. Als im Mittelalter die Pest in Europa vorbeischaute, glaubten die Ärzte, der Erreger werde über den Geruch durch die Luft übertragen. Natürlich spielte der Geruch eine Rolle, denn wer seine Fäkalien einfach auf die Straße oder in den Trinkwasser spendenden Fluss kippt, muss sich über üble Beulen nicht wundern. Dass aber nicht der Gestank, sondern Mikroorganismen die Schuldigen waren, kam (verständlicherweise) niemandem in den Sinn. Die Pestärzte schützen sich deshalb vor Ansteckung mit bis heute gruselig aussehenden Schnabelmasken, wobei der Schnabel mit allerlei Kräutern und Essenzen vollgestopft war. Diese Wohlgerüche sollten den Miasmen den Garaus machen, was ungefähr so wirkungsvoll war, wie vor dem Geschlechtsverkehr in einen rohen Kohlrabi zu beißen, um nicht schwanger zu werden. Erst Mitte des 19. Jahrhunderts kamen ein paar Briten den schuldigen Mini-Lebewesen auf die Spur und verbannten die Miasma-Lehre samt ihrer unangenehmen Gerüche in das Reich der Fabeln. Den Millionen Pesttoten half das natürlich nichts mehr, dafür aber den nachfolgenden Generationen umso mehr. Die Gnade der späten Geburt und so.

Manch ein Geheimnis lässt sich scheinbar auch gar nicht lösen. Zum Beispiel, warum Zebras so eine schicke Fellzeichnung besitzen. Seit der Mensch dem ersten Zebra über den Weg lief, rätseln kluge und weniger kluge Köpfe über die extravagante Optik, ohne die die afrikanischen Steppenbewohner auch nichts anderes wären als Ackergäule auf einem anderen Kontinent. Und was wurde nicht alles über das Fell und seine Farbgestaltung gerätselt. Manche Wissenschaftler glaubten, das wilde Durcheinander solle in der vor Hitze flirrenden Luft Fressfeinde irritieren. Andere wiederum waren der Meinung, die Zeichnung würde fliegendes Ungeziefer wie Mücken oder Bremsen abhalten, da diese mit ihren Facettenaugen die Linien und Kreise auf des Zebras Rücken nicht richtig erfassen und somit auch nicht landen könnten. Lange wurde allerdings folgende Auffassung favorisiert: Die schwarzen Fellstellen heizen sich stärker auf als die weißen. Demzufolge würden Luftverwirbelungen entstehen, das Zebra hätte also einen eingebauten Ventilator an Bord. Eine Gruppe schwedischer Forscher musste die letztgenannte Variante im Jahr 2018 aber leider widerlegen, indem sie mit Flüssigkeit gefüllte Fässer mit verschiedenen Fellen überzogen und in die Sonne stellten. Die Streifen sorgen definitiv für keinen frischen Wind. Es darf also weiter überlegt und vermutet werden, während die Zebras, die das Geheimnis ganz sicher kennen, leise vor sich hinkichern und 'ne Portion Steppengras futtern.

Zum Abschluss dieser kleinen wissenschaftlichen Expedition kommen wir zu zwei besonders blamablen Fällen. Denn hier war nicht Unwissenheit der Grund für die Widerlegung, sondern der Wahnsinn des Wissenschaftlers selbst. Prosper-René Blondlot (alleine der Name lässt schon Zweifel aufkommen) war im 19. Jahrhundert ein recht angesehener französischer Physiker, der es allerdings nicht verknusen konnte, dass sein ausgerechnet deutscher Konkurrent Wilhelm Röntgen 1895 die X-Strahlen entdeckt hatte. Also forschte er wie ein Besessener, um acht Jahre später der Weltöffentlichkeit zu erklären, er habe die N-Strahlen aufgestöbert. Diese nach Blondlots Heimatstadt Nancy benannten Wunderstrahlen sollten sich in einer Gasflamme nachweisen lassen, die ihre Helligkeit ändert. Blondlot ließ sich als neuer Physiker des Jahres feiern, diverse Kollegen schrieben Aufsätze über die sensationelle Entdeckung, von der man gar nicht genau wusste, was sie dem Menschen alles ermöglichen würde. Allerdings gab es auch Zweifler, die nicht an die N-Strahlen glaubten und in ihren Laboren nichts von dem beobachten konnte, was Blondlot angeblich sah. Ein Experimentalphysiker aus den USA (sehr wahrscheinlich auf deutsche Initiative hin) besuchte den Franzosen schließlich und sabotierte heimlich den Versuchsaufbau, sodass die N-Strahlen, selbst wenn sie existiert hätten, nicht erschienen wären. Der französische Physiker, ganz in seinem Element, fabulierte allerdings von seinen geliebten N-Strahlen, die eindeutig durchs Zimmer zucken würden. Aber als selbst Blondlots Assistent zugeben musste, dass hier gar nichts zuckt, waren die N-Strahlen Geschichte. Blondlots Ansehen rauschte in den Keller, Gerüchte sprechen sogar davon, dass er ob der Blamage in einer Nervenheilanstalt landete. Na ja, das dort arbeitende Personal dürfte sich zumindest mit geheimnisvollen Strahlen auskennen.

Die Russen trieben es in den 60er-Jahren des vergangenen Jahrhunderts ähnlich wild, als sie die Welt mit ihrem Polywasser für rund zehn Jahre in Atem hielten. Bei einem Experiment (und nachweislich nicht beim Kochen einer Suppe) entdeckte ein russischer Forscher namens Nikolai N. Fedyakin eine neue Form von Wasser. Die Flüssigkeit besaß einen höheren Siedepunkt als gewöhnliches H_2O, gefror erst bei minus 30 Grad und konnte noch ein paar andere Kunststücke. Fedyakins Vorgesetzte witterten die große Sensation und publizierten wild drauflos, obwohl die Details noch gar nicht erforscht waren. Im Westen wurde man ebenfalls hellhörig. Sollte »der Russe« da etwa etwas entdeckt haben, was die Welt verändern könnte? Ein Skandal! Also schrieben sich auch hier Wissenschaftler die Finger wund, ohne eigentlich zu wissen worüber eigentlich. Peinlich? Ach Quatsch! Wichtig war nur, dass mal wieder die Welt untergehen würde. Denn das Polywasser, da waren sich alle einig, besaß die Eigenschaft, normales Wasser in besagte Zauberflüssigkeit zu verwandeln. Würde jemand Polywasser in die Bäche, Flüsse und Meere leiten, so würde auf der Erde alles Leben dahinscheiden. Im Kalten Krieg eine fast schon zwanghafte Vision. Ein Assistent Fedyakins hegte eine ganz andere Vermutung und schickte heimlich eine Probe an ein Labor in Ostdeutschland. Dort wurden massive Verunreinigungen des Wassers festgestellt, die sehr wahrscheinlich für die seltsamen Effekte zuständig waren. Eine Erklärung, mit der die Polywasser-Entdecker so gar nicht einverstanden waren. Trotzdem wurden ihnen im Laufe der Jahre die Forschungsgelder immer weiter zusammengestrichen, bis die Quelle im wahrsten Sinne des Wortes komplett versiegte. Bis heute gibt es keine vollkommen gesicherten Erkenntnisse über Polywasser. Aber es interessiert auch niemanden mehr.

VON HUMORLOSEN HUNDEN, GÖNNERHAFTEN ENGLÄNDERN UND HACKBRATEN AUF EINEM SPIEGEL VON SALZSTANGEN: BLAMABLE MOMENTE AUF LESEREISE

Coole Menschen werden Schriftsteller. Und die coolsten Menschen unter den Schriftstellern gehen, sobald sie ein neues Buch fertiggestellt haben, auf Lesereise. Denn es gibt nichts Schöneres als zu sehen, wie die sorgfältig am Schreibtisch ausgearbeiteten Pointen live vor Publikum komplett versanden und die Menschen an Stellen lachen, die man selber so etwas von unwitzig findet. Manch Schreiberling möchte sich vor solch peinlichen Erfahrungen schützen und bleibt mit dem Hintern lieber in der warmen Schreibstube (sofern die Einnahmen für die Begleichung der Nebenkosten reichen). Dabei vergessen sie, dass eine Lesereise oder ein einzelner Auftritt vor Publikum nicht nur solche Momente, sondern noch viel peinlichere in petto hält. Und das tollste ist: Man muss diese Momente gar nicht suchen, sie finden einen von ganz alleine.

So wie eine liebe Autorenkollegin, die mit einem Leihwagen samt Navigationsgerät und einer Vertreterin ihres Verlages kreuz und quer durch Deutschland kurvte, um den Menschen in kleinen und großen Gemeinden ihr neues Werk vorzustellen. Ihr nächstes Ziel sollte Arnstein sein, was besagte Freundin besonders freute, liegt das Städtchen doch am Harz, unweit ihres Wohnortes. Als sie mit ihrer Assistentin am Rathaus von Arnstein, dem Lesungsort, ankam, wunderten sich die beiden allerdings, dass hinter keinem Fenster Licht zu sehen war. Die Eingangstür verschlossen, kein Pförtner oder Mitarbeiter in Sicht. Nachdem die beiden fast eine Stunde gewartet hatten, klingelte das Handy meiner Freundin. Der

Bürgermeister von Arnstein erkundigte sich freundlich, ob sie im Stau stünde. Der Gemeindesaal sei hergerichtet, das Publikum warte. Meine Freundin erklärte wiederum, dass sie vor der Tür stehe, aber keinen Weg hinein finde. Es dauerte noch einige Minuten, bis sich herausstellte, dass der Bürgermeister aus Arnstein in Franken am Telefon war. Es gibt in Deutschland zwei Arnsteins, die Assistentin hatte im Navi das falsche der beiden eingegeben. Ein Phänomen, das in Deutschland ziemlich häufig vorkommt. Ortsnamen wie Hagen, Neustadt oder Oberhausen existieren zuhauf. Doch zurück zu der lieben Autorin, die zugeben musste, die rund 300 Kilometer zwischen Arnstein und Arnstein nicht innerhalb der nächsten Dreiviertelstunde bewältigen zu können. Der Auftritt wurde abgesagt.

Der Verfasser dieser Zeilen fand bisher eigentlich immer den richtigen Ort, was natürlich nicht bedeutet, dass immer alles ohne Peinlichkeiten abging. Bei einer Lesung in der Schweiz saß zum Beispiel der Hund des Veranstalters, es war ein Irischer Wolfshund, neben mir auf dem Podium und ließ sich durch nichts auf der Welt von seinem Platz vertreiben. Da diese Hunde verdammt groß werden, hockten wir beide, keine drei Meter getrennt voneinander, auf Augenhöhe da. Schaute ich nach vorne, schaute auch der Hund ins Publikum. Schaute ich zur Seite, so trafen sich unsere Blicke. Ab und zu schien er mich auch zwischendurch anzugucken, mehrmals gähnte er demonstrativ. Irgendwie habe ich den Humor dieses Hundes nicht getroffen.

Ein anderes Mal las ich in Peine (laut dem Eingeborenen Oliver Kalkofe ja die »Perle Niedersachsens«) aus meinen Büchern zum Thema Heavy Metal. In der ersten Reihe hatten zwei Damen Platz genommen, die die 70 deutlich überschritten hatten. Ich war der festen Überzeugung, dass die beiden in der Ankündigung nur das Wort »Lesung« entdeckt hatten und während der ersten beiden Texte wieder gehen würden. Sie blieben aber sitzen, kicherten ab und zu und verfolgten den Auftritt aufmerksam. Als ich eine Abfassung über die großartig aufgeblasene Band Manowar ankündigte, stupste die eine die andere an. Deutlich konnte ich hören, wie sie sagte »Den Text kenne ich, der ist gut«. Ich war gelinde gesagt ein wenig überrascht. Wie auch in einem namentlich nicht mehr präsenten Dörfchen in Hessen, wo sich meine aus Dekorationszwecken mitgebrachte schwarze Plastikkrähe an einer Kerze entzündete. Obwohl das Ding direkt vor meiner Nase stand, war ich der letzte im Raum, der es bemerkte.

Immer wieder schön sind auch Veranstalter, die nach einer Lesung noch einmal in Gagenverhandlungen einsteigen möchten. Das Honorar wird vorher klipp und klar festgelegt, aber der eine oder andere sieht anschließend noch Klärungsbedarf. Die Gespräche beginnen dann meist so: »Das war eine sehr schöne Lesung, aber die Geschäfte laufen in letzter Zeit echt nicht mehr so gut …« In der schicken Hansestadt Hamburg stand auch mal so ein Gespräch an, der Wirt des Ladens versuchte seine wirtschaftliche Lage darzulegen, ich stellte wiederum klar, dass sich meine Anfahrt nicht durch gute Worte bezahlen ließe. Dem Schaffner in der Bahn ist meine wirtschaftliche Lage auch egal, ich brauche eine Fahrkarte oder fliege aus dem Zug. Der Veranstalter sah das irgendwie schon ein, versuchte aber trotzdem einen letzten Angriff. Er meinte, er habe gerade nicht sehr viel Bargeld da, aber dafür noch jede Menge Gras. Er hielt mir einen Beutel mit dem würzig riechenden Rauschmittel unter die Nase. Ob der Ticketkontrolleur der Bahn auf diesen Deal eingegangen wäre? Wahrscheinlich nicht, am Ende gab es die vereinbarte Gage in einer üblicheren Währung.

Ebenfalls in Hamburg durfte ich ein zweitägiges Heavy-Metal-Festival mit einer Lesung eröffnen. Die Gage war überschaubar, dafür hatte mich der Veranstalter (wie alle anderen Bands auch) in eine Luxusherberge gebucht. So eine richtige Schickimicki-Bude, wo die Badewanne mitten im Appartement steht, weil es cool aussieht. Im Zimmer angekommen, plagte mich noch ein wenig Restdurst, also ging ich noch mal in die hauseigene Bar. Ein Blick auf die

Karte zeigte mir an, dass ich es an diesem Abend allerdings wirklich bei zwei Bier belassen sollte, das Etablissement war aus monetären Gründen nicht ganz meine Kragenweite. Aber es war lustig dort, bekannte Gesichter aus dem Showgeschäft flanierten vorbei, manche auch mit anderen Begleitungen als ihren Ehegatten. Gerade als ich mein zweites Bier heruntergespült hatte und mich auf mein Zimmer begeben wollte, flog die Tür auf. Eine bekannte englische Metal-Band, die am zweiten Tag des Festivals spielen sollte, kam herein. Da ich mit dem Sänger wenige Wochen zuvor bei einem Interview zusammengesessen hatte, wurde ich erkannt und mit an die Theke gebeten. Dann begann die Band Rotwein und Whiskey zu bestellen, die jedes Glas für sich genommen so viel kosteten wie ein opulentes Mittagessen. Nach der zweiten Runde gehörte ich fest zur Gruppe, der Sänger oder ein Gitarrist orderte, und die Servicekraft stellte automatisch auch ein Glas für mich dazu. Nach zwei Stunden überlegte ich nicht mehr, ob ich noch genug Geld dabeihatte, um meine Zeche zu bezahlen. Ich überlegte, ob ich genügend Wertsachen besitze, deren Verkauf meine Rechnung ungefähr decken würde. Aber kaum wollten Angst und Panik überhandnehmen, wurde ein neues Glas vor mir abgestellt. »Netter Whiskey, 36 Euro die Pfütze«, dröhnte die Stimme des Sängers an mein Ohr. Morgens um zwei konnten wir uns nur mit Mühe am Tresen halten, als die Tür abermals aufflog. Es war der Tourmanager der Band, der seinen Schäfchen die Leviten las, dass es krachte. Hackedicht am Tresen, morgen ist ein Auftritt, es stehen Interviews an usw. Mit dem letzten Rest meines verbliebenen Gleichgewichtssinns versuchte ich mich an dem Mann vorbeizuschieben, bevor der bemerkte, dass seine Band überraschend Nachwuchs bekommen hatte. Aber der Mann war so damit beschäftigt, auf die Jungs einzuschimpfen, dass er mich gar nicht wahrnahm. Nach einer kurzen Nacht folgten die schlimmsten Minuten, die ich je vor einem Rezeptionsschalter eines Hotels verbracht habe. Ich sah mich für Wochen in der Küche des Ladens verschwinden und Teller spülen oder noch viel schlimmere

Dinge tun. Die Frau am Empfang nahm meinen Zimmerschlüssel entgegen, lächelte mich freundlich an, tippte in ihrem Computer herum, lächelte wieder und verabschiedete mich mit den besten Wünschen. Ich musste beim Hinausgehen an mich halten, um nicht laut zu jubeln. Später war ich mir sicher, dass ich diesen Abend in der Bar nur geträumt hatte.

Wer glaubt, dass das Autorenleben immer so luxuriös ist (oder nur regelmäßig oder wenigstens ab und zu), der irrt gewaltig. Denn normalerweise sieht es so aus: Dem Autor wird vor der Lesung per Mail mitgeteilt, er möge nicht nur jede Menge Bücher zum Verkaufen und viel gute Laune mitbringen, sondern auch einen ordentlichen Appetit. Denn das Catering sei quasi schon aufgebaut. Kommt man dann mit hängenden Armen (die vielen Bücher) und einem auf dem Boden schleifenden Magen im Club an, warteten dann da neben zwei Flaschen handwarmem Bier exakt zwei Schüsseln mit Chips. Da aber noch zwei Mitleser am Start sind, soll man sich doch bitte schön zurückhalten. Deshalb ist es überlebenswichtig, auf dem Weg zum Veranstaltungsort immer ein Auge darauf zu haben, wo irgendwelche Dönerbuden oder andere Fresstempel stehen, in die man nach der Lesung noch einkehren kann.

Ist man mit anderen Autoren auf gemeinsamer Lesetour, so ist es wichtig, sich von den anderen und ihren Essgewohnheiten nicht die Butter vom Brot nehmen zu lassen. Gerade Veganer lassen den Veranstalter vor einer Lesung gerne wissen, dass sich die ganze Gruppe gerne »gesund« ernähren würde, wovon die anderen aber noch nie etwas gehört haben. Die gerechte Strafe folgte in diesem Fall sofort, als uns nahe der holländischen Grenze eine wässrige Soße mit Dosenpilzen und ein paar Salzkartoffeln kredenzt wurden. Da fragte selbst der Veganer plötzlich nach dem nächsten Feinkostrestaurant mit dem leuchtenden M. Manchmal haben aber auch die Fleischfresser Glück, wie neulich in Berlin. Der Veranstalter nimmt unsere Gruppe freudestrahlend in Empfang und erklärt nicht ohne Stolz in der Stimme, dass er zur Feier des Tages einen Hackbraten gemacht habe. Auf die Nachfrage des Veganers, ob es auch etwas für ihn gäbe, deutete der Veranstalter auf ein Glas mit Salzstangen. Der Blick wäre, wenn als Foto festgehalten, in die Annalen eingegangen.

Aber letztlich ist es egal, wie weit und beschwerlich der Weg, wie groß der Hunger und Durst, wie dunkel die Kaschemme ist. Solange ein paar interessierte Zuhörer da sitzen, die einem mit einer gewissen Freude lauschen oder zumindest wegschlafen, ohne dabei zu schnarchen, nimmt man selbst Unterkünfte in Kauf, in die ich normalerweise nicht mal meine nicht vorhandene Schwiegermutter schubsen würde, weil die inkontinente Katze des Besitzers ausgerechnet mein Kopfkissen als Ruheplatz gewählt hat. Es gibt Nächte, die enden nie. Andere wiederum enden viel zu schnell. Da stehe ich nachts um wasweißich in Bielefeld vor meiner Herberge und werde nach einem neunstelligen Zahlencode gefragt, um überhaupt das Gebäude betreten zu dürfen. Der Zettel mit den Zahlen taucht überraschenderweise in einer der Jackentaschen auf, aber da der Abend

nach der Lesung so feucht wie fröhlich verlief, wollen die Dinger einfach nicht in der richtigen Reihenfolge bleiben. Nach gefühlten 23 Versuchen bleibt nur noch der Notrufknopf, eine verschlafene Stimme meldet sich. Ich versuche die Situation zu schildern, was nicht so einfach ist. Irgendwann wird ein Summer gedrückt, ich murmele eine kurze Dankesformel (»Na endlich«) und gehe ins Bett. Am nächsten Morgen sitze ich im Frühstücksraum und denke bei mir, dass die nächtliche Aktion ja nicht so schlimm gewesen sein kann. Als ich plötzlich hinter mir eine bekannte Stimme vernehme. Die Chefin beschwert sich bei einer Mitarbeiterin über einen »Idioten«, der in der Nacht zuvor mindestens 20-mal den Notrufknopf gedrückt habe und auch noch pampig wurde. Man müsse doch herausfinden können, in welchem Zimmer der … Mir fiel plötzlich ein, dass mein Zug heute doch eine Stunde früher fährt, und verabschiedete mich freundlich, aber mit verstellter Stimme aus dem Hotel. Manchmal ist essen auch gar nicht so wichtig.

VON BRUSTWIEGERN, ERREGTEN POLITIKERN UND ANGEFRESSENEN SUPERSENIOREN: DIE BLAMABELSTEN TV-AUFTRITTE SEIT DER EINFÜHRUNG DES FARBFERNSEHENS

Was der Motte das Licht ist dem verhaltensauffälligen Homo sapiens die Fernsehkamera. Hätten die Erfinder dieser Technik geahnt, welche Gestalten sie damit aus ihren Höhlen locken, vermutlich hätten Philo Farnsworth und all die anderen Urväter der Glotze lieber einen essbaren Rasierapparat erfunden. Da die Geister aber nun mal seit Jahrzehnten aus der Flasche sind, dürfen wir uns an dieser Stelle über ein paar besonders blamable Auftritte amüsieren.

Im Jahr 2015 traten Til Schweiger und Tochter Luna bei der Promi-Ausgabe des *Quizduells* von Jörg Pilawa an. Keine gute Idee. Obwohl Til Schweigers Eltern ja Lehrer waren (kein Scherz), muss in Sachen Allgemeinbildung ein bisschen was danebengegangen sein. Auf die Frage, wie viel Liter Bier eine Maß ergeben, tippte der Charakterdarsteller mit der prägnanten Stimme auf vier. Eine Maß gleich vier Liter Bier. Das würde die Preise auf dem Münchner Oktoberfest erklären, ist aber natürlich ein bisschen übertrieben. Was Papa Til zu viel in den Krug füllen wollte, knappste Tochter Luna bei der Prozentrechnung wieder ab. Drei Viertel von 100, so rechnete die blonde Darstellerin vor, würden 25 Prozent ergeben. Horden von Genetikern saßen gebannt vor dem Bildschirm und machten sich unter dem Stichwort »Vererbbare Intelligenz« fleißig Notizen. Zur Ehrenrettung der Schweigers sei allerdings angemerkt, dass sie dafür andere Fragen beantworten konnten und das Duell nur knapp verloren.

Das kann Stefan »Tiger« Effenberg nicht von sich behaupten. Der blonde Lautsprecher, der nach seiner erfolgreichen Fußballerkarriere nicht unbedingt durch überragende Erfolge aufgefallen wäre (Kurzzeittrainer beim SC Paderborn mit verheerender Bilanz, Wortführer eines gescheiterten Semi-Putsches bei Borussia Mönchengladbach etc. pp.), tummelt sich seit Jahren mit Vorliebe im Privatfernsehen, wo er an ulkigen Formaten teilnimmt. Im Jahr 2015 stand er dem ProSieben-Moderator Daniel Aminati in der Show *Schlag den Star* gegenüber. Wer die Veranstaltung wohl gewinnen sollte? Jedenfalls hatten die Organisatoren ein Spiel mit Kopfbällen und ein Fußballspiel integriert. Und beim Fußballspiel schaffte es der ehemalige Champions-League-Sieger tatsächlich, gegen seinen Kontrahenten zu verlieren. Wenige Monate darauf wurde er mit 1,4 Promille am Steuer erwischt. Doch die Schmach der Niederlage hängt dem heute als Bankberater (Volks- und Raiffeisenbank Bad Salzungen) und TV-Experte Tätigen immer noch nach. Wann immer er im Fernsehen zu seinen bekannten Erklärungen ausholt, warum Trainer, Spieler und Verantwortliche dieses oder jenes falsch machen, umspielt ein süffisantes Lächeln die Lippen der Kritisierten. Man kann förmlich sehen, wie sie denken: »Du rede mal, du Klugscheißer. Paderborn auf einen Abstiegsplatz gecoacht und gegen Aminati im Fußball verloren.« Öffentlichkeit ist eben nicht immer von Vorteil.

Jahre zuvor hatte sich bereits Nadja Abd el Farrag ganz tief in den Sumpf der TV-Peinlichkeiten begeben und in einer auf SAT1 ausgestrahlten Sendung ihre linke Brust wiegen lassen. 1,35 Kilo inklusive aller Plastikeinlagen lautete das Ergebnis, das ein kichernder Japaner verkündete. Später musste »Naddel« zugeben, dass ihr die Aktion ziemlich peinlich gewesen sei. Aber bei dem Lebenslauf fällt das nicht weiter ins Gewicht. Wenigstens spritzte sie nicht mit Muttermilch durch die Gegend, wie Ramona Drews es im Jahr 2000 im Schweizer Fernsehen tat. Moderatorin Patty Boser mag bis heute keinen Joghurt essen. Im holländischen Fernsehen wurde die Nummer im Jahr 2013 allerdings noch mal getoppt. Der Moderator Paul de Leeuw wollte unbedingt wissen, wie Muttermilch schmeckt, und nuckelte einem seiner Talkgäste erst an der rechten, dann an der linken Zitze, um anschließend mit Kennermiene zu verkünden, dass die Dame kürzlich Spargel gegessen habe, was diese lachend bejahte. Manche Menschen scheinen wirklich gänzlich schmerzbefreit. Da wirkt der Versprecher der ARD-Reporterin Kristen Girschick geradezu niedlich, die 2013 live aus der CSU-Zentrale berichtete und sagte, »die Erektionen auf das Wahlergebnis seien euphorisch«. Möchte man sich bei CSU-Politikern auch nicht vorstellen.

In Großbritannien bei der heiligen BBC dürften solch peinliche Pannen nicht passieren. Passieren sie aber natürlich trotzdem. Der Nachrichtensprecher Simon McCoy war ein bisschen knapp dran und musste auf Sendung. Weil er in der Sendung immer wichtig ein Tablet in Händen hält, um den Anschein von totaler Aktualität zu erwecken, wurde ihm heiß und kalt, als er das wichtige Utensil nicht entdecken konnte. Noch zehn, neun … McCoy schnappte sich einen Stapel unbeschriebenes Kopierpapier und klammerte sich während der gesamten Sendung daran fest. Zuschauermassen fragten sich, was der Nachrichtensprecher da tat, und bombardierten die BBC mit Fragen. Die Sendeanstalt musste die Wahrheit zugeben. McCoy ist seitdem als der »Zettelmann« bekannt. Sportmoderator Chris Mitchell, ebenfalls BBC, setzte noch einen drauf. Nach seiner Abmoderation war er noch wie gewohnt einige Sekunden im Bild zu sehen. Weil er offensichtlich nicht wusste, was er tun sollte, öffnete er seine linke definitiv leere Handfläche und begann mit dem rechten Zeigefinger darauf herumzutippen, als würde er ein Handy dabeihaben. Das sah so lächerlich aus, dass ihn diverse Zuschauer zum Kasper des Jahres wählten.

Auf dem US-Sender Fox zerrte man 2016 eine 110-jährige Dame namens Flossie Dickey vor die Kamera und setzte ihr eine typische junge, fröhliche und blendend aussehende Moderatorin an die Seite. Flossie hatte aber überhaupt keinen Bock auf Fernsehen

und ließ die junge Nichole Mischke herrlich auflaufen. Die vorhersehbaren Fragen über ihre unzähligen Kinder, Enkel und Urenkel oder die vermeintliche Vorfreude auf die große Familienparty zum 110. Geburtstag quittierte die Dame mit Schweigen. Auf die Frage, was Flossie denn am liebsten machen würde, antwortete Frau Dickey mit »so viele Nickerchen wie möglich machen«. Moderatorin Mischke verlor irgendwann die Geduld und fragte vorsichtig nach, ob es Flossie auch gut gehe. Die Antwort: »Wie würden Sie sich mit über 100 fühlen?« Ein junger Klassiker der internationalen Fernsehgeschichte.

Die *Wer wird Millionär*-Kandidatin Tanja Fuß wird sich auch in 100 Jahren noch an ihren Auftritt bei Günther Jauch erinnern. Sie scheiterte 2015 an der ersten Frage (»Seit jeher haben die meisten …? A: Dober Männer, B: Cocker Spaniels, C: Schäfer Hunde, D: Riesen Schnauzer«) und ging als Kandidatin mit der kürzesten Sendezeit in die Geschichtsbücher ein. 45 Sekunden im Bild und auf Wiedersehen. Die damals 20-jährige Modestudentin gab anschließend noch Interviews, in denen sie erst Jauch eine Mitschuld an ihrem Versagen gab, später regte sie sich über die Häme ihrer Mitmenschen auf. Die null Euro Gewinn aus der Sendung soll sie allerdings sehr vorteilhaft angelegt haben.

VON FRISCH GEZAPFTEM GATORADE, ROLLIGEN RÜSSELTRÄGERN UND BATTERIEBETRIEBENEN HUNDEWELPEN: PEINLICHE VORFÄLLE AUS DEM TIERREICH

Bevor wir uns peinlichen Aktionen von Tieren widmen und dem verschämt »dreinblickenden« Kläffer vom Cover gerecht werden, muss natürlich erst mal geklärt werden, ob Tieren überhaupt etwas peinlich ist. Ausscheidungen jeglicher Art von sich zu geben, während Menschen gerade essen, jedenfalls nicht, das dürfte jedem Haustierhalter bekannt vorkommen. Tiere tun oft Dinge, die wir Menschen als »peinlich« klassifizieren. Doch wie sieht das untereinander aus? Tatsächlich passiert etwas Messbares im Gehirn von Tieren, wenn ihnen ein Missgeschick unterläuft. Und auch Tierhaut kann sich rot verfärben. Ob es allerdings wirklich ein Gefühl von peinlicher Berührtheit ist, ist sehr umstritten. Denn um so etwas fühlen zu können, ist eine komplexe Kette von Gedanken und Empfindungen nötig. Wenn ein Hund hinter einem Eichhörnchen herjagt, in einer Matschpfütze ins Rutschen kommt und Schnauze voran in den Modder klatscht, dann muss der Hund wissen, wer er ist, was er gerade getan hat, muss einschätzen können, ob ihn dabei jemand gesehen hat und wie das auf das andere Wesen wirkt. Ziemlich viel Stoff für ein Wesen, das seinen Kumpels aus der Nachbarschaft am liebsten am Hintern herumschnüffelt. Peinlichkeiten sind auf der anderen Seite nichts anderes als Normverstöße. Manche Forscher gehen davon aus, dass gerade in sozialen Verbänden lebende Tiere ihren Artgenossen schon mitteilen können, dass sie etwas aus Versehen getan haben und jetzt alles wieder gut ist. Allein deshalb, weil sie andernfalls als krank, schwach oder unzuverlässig (auch das gibt es) aus dem Rudel aussortiert werden müssten. Die Vermeidung von Peinlichkeiten könnte evolutionsbedingt also durchaus eine Rolle spielen.

Sollten Sie, liebe Leser, also beim nächsten Spaziergang durch verlassenes Gebiet einem Rudel Wölfe begegnen, dann bleiben Sie unbedingt stehen und beobachten Sie. Sollte sich eines der Tiere aus dem Verband lösen, auf Sie zukommen und Ihnen ein Stück Fleisch aus der Hüfte reißen, müsste das dem Angreifer unangenehm sein. Denn Wölfe greifen normalerweise keine Menschen an. Dreht sich Meister Isegrim mit blutiger Schnauze zu seinen Kollegen um und sagt »Verdammt, Leute. Ich weiß, so was tun wir als Wölfe nicht. Aber der Typ hier sah echt aus wie ein Schaf. Ich muss dringend mal zum Augenarzt«, dann haben Sie den Beweis.

Was Tiere wirklich besonders gut können, ist das Urinieren im möglichst falschen Moment. Wie viele TV-Moderatoren schon von

Vögeln, Katzen, Hunden und sonstigen Fell- oder Federträgern vollgepinkelt wurden, ist nirgends belegt, wäre aber mal eine Statistik wert. Besonders hart erwischte es einen Vorhersageonkel vom Wetterkanal. Dieser Sender zeigt 24 Stunden am Tag nichts anderes als Wettervorhersagen, deshalb müssen sich die verantwortlichen Redakteure etwas einfallen lassen. In diesem Fall schickten sie ihren Moderator Jeff Tanchak auf eine Reptilienmesse, vielleicht um die nächsten Tropenstürme optisch zu untermalen. Irgendein Typ mit Tropenhelm, der aussieht wie Jean Pütz bei der Fremdenlegion, drückt dem TV-Mann während einer Live-Schalte einen kleinen, noch recht handlichen Alligator in die Hand. Das Tier hat aber keine Lust, beim doofen Wetter-Kanal das Maskottchen zu geben, und pinkelt den Moderator mit großem Enthusiasmus ans Bein und auf die Schuhe. Als Tanchak mit entsetzter Miene beim Kroko-Papa nachfragt, was das denn sei, erwidert dieser scherzhaft, das sei »Gatorade«. Das Tier guckt mehr oder minder teilnahmslos, aber da Alligatoren eh immer aussehen, als würden sie fies grinsen, passt der Ausdruck in diesem Fall sehr gut.

Grinsen kann der Wellensittich eines guten Freundes nicht. Habe ich zumindest noch nie gesehen. Dafür ist der gelbgrüne Miniadler dermaßen geil auf Kartoffelchips, dass ihm alles andere egal zu sein scheint. Ob Paprika, Sour Cream, Barbecue oder Arsen-Nutella, er mag alle Geschmacksrichtungen. Sobald eine Tüte mit dem fettigen Snack auf dem Tisch liegt und geöffnet ist, dreht der kleine Vogel in seinem Käfig dermaßen am Rad, dass gar nichts anderes übrig bleibt, als die Tür in die Freiheit zu öffnen. Ist das geschehen, stürzt sich Pete, so der Name des Fresssacks, im Stile eines japanischen Kamikazefliegers aus vollem Flug kopfüber in die Tüte. Da kann auch schon die Hand eines Gastes drin stecken, interessiert ihn nicht. Mit einem Schnabel voller Beute kehrt er zu seinem vergitterten Apartment zurück und knuspert die frittierten Kartoffeln in einer Geschwindigkeit und Lautstärke weg, die man einem so zierlichen Wesen niemals zugetraut hätte. Pete hat übrigens auch eine Partnerin mit Namen Kittie. Sie kann sich überhaupt nicht für Chips begeistern, beobachtet die Ausflüge und Fressorgien ihres Lebensgefährten aber genau. Wir haben uns schon häufiger gefragt, ob ihr die Gier ihres Artgenossen vielleicht peinlich ist.

Kängurus kommen in unseren Breitengraden eher selten in der freien Natur vor, in der Nähe des niedersächsischen Städtchens Delmenhorst entwischten allerdings zwei aus einem Tierpark. Den beiden Kollegen machte es Spaß, kreuz und quer über die Bahngleise zu hüpfen (immer schön synchron) und den Zugverkehr lahmzulegen, wobei einer der übermütigen Racker bei dieser Aktion gleich wieder eingefangen wurde. Das zweite Känguru kam einer nichts ahnenden Streife am Tag darauf auf einem Bürgersteig entgegen und sah überhaupt nicht ein, wieder hinter Gitter wandern zu müssen. Vielleicht war es gerade auf dem Weg zum Einkaufen, vielleicht wollte es sich auch nur im Fitnessstudio anmelden. Der Polizist, der es zu stoppen versuchte, bekam jedenfalls ein paar saftige Faustschläge verpasst, bis es von mehreren Tierpflegern überwältigt werden konnte. Widerstand gegen die Staatsgewalt, das dürfte ein paar Monate extra geben. Was auch für die sieben Kamele gelten dürfte, die aus einem Zirkus im niedersächsischen Bergen entfleuchten. Und was macht man als Kamel in Berge so? Erst mal 'ne Stärkung besorgen, dachten sich zumindest die glorreichen Sieben. Der Supermarkt war allerdings schon geschlossen, weshalb sie sich auf dem Parkplatz versammelten und ihren Unmut über die kundenunfreundlichen Ladenschlusszeiten kundtaten. Was die Menschen, die zufällig mit dem Auto an der Szenerie vorbeifuhren, dachten, ist nicht bekannt.

Milton im US-Staat West Virginia gehört nicht gerade zu den Hotspots auf diesem Planeten. In dem Örtchen wohnen keine 3.000 Seelen, der Fluss, der durch das Kaff fließt, heißt »Mud River« (und sieht auf Fotos auch so aus), und als jährlicher Höhepunkt wird eine Landwirtschaftsschau angepriesen. Ach ja, der einzige »Promi«, der hier mal ein paar Spuren hinterlassen hat, war eine der

Ex-Frauen des Musikers Billy Joel, die einen Teil ihrer Jugend in Milton verbrachte. Dieser kurze Überblick lässt vielleicht erahnen, warum die folgende Geschichte passierte, wie sie passierte. Weil in diesem furchtbaren Kaff überhaupt nichts los ist, beobachteten einige Einwohner Waschbären, von denen es hier wohl einige zu geben scheint. Eines Tages bewegten sich die Tiere nicht mehr wie gewöhnlich, sie schienen zu schwanken. Außerdem waren die possierlichen Nager ungewöhnlich aggressiv. Besorgte Bürger meldeten sich beim Sheriff, weil sie Tollwut oder einen Zombievirus befürchteten, der ihr schönes Städtchen vom Erdboden tilgen würde (was nebenbei bemerkt niemandem aufgefallen wäre). Der Sheriff traf ein und erkannte mit geschultem Blick, dass die Waschbären nicht krank, sondern hackedicht waren. Sie hatten gegorene Früchte gefressen und zogen jetzt pöbelnd durch die Gegend. Die Staatsmacht nahm die Tiere in Gewahrsam, nach erfolgreichem Ausnüchterungsprozess wurden die Waschbären wieder in die Freiheit entlassen. Gerüchten zufolge fanden sie die Behandlung allerdings nicht gerade freundlich, deshalb überlegen sie angeblich, sich am nächsten Wochenende vor der einzigen Kneipe zu versammeln, um herauswankende Trunkenbolde auf Krankheiten zu untersuchen und anschließend für eine Nacht einzusperren. Gleiches Recht für alle.

Etwas gewaltigere Auswirkungen haben Fehltritte von Tieren, die an sich schon etwas gewaltiger daherkommen. Elefanten zum Beispiel gelten unter Experten tatsächlich als ungeschickt. Daher auch das Sprichwort mit dem Porzellanladen. Wobei Elefanten insgesamt selten Porzellan einkaufen, sie stehen mehr auf Bambus oder Emaille. Geschenkt, eine Safarigruppe in Afrika beobachtete einen ausgewachsenen Elefantenbullen, der sich an seine favorisierte Kuh heranmachte, und filmte die romantische Zusammenkunft. Minutenlang mühte sich Benjamin Blümchen, bis ihm seine Herzensdame endlich das Hinterteil hinstreckte. Beim Versuch, dieselbige zu besteigen, rutschte der rollige Rüsselträger (*Bauer sucht*

Frau lässt grüßen) ab und knallte zur Belustigung der Beobachter auf seinen massiven Hintern. Die Erschütterungen, die dieser Fauxpas verursachte, dürfte drei Kilometer entfernt noch das eine oder andere Flusspferd aus dem Schlaf gerissen haben.

Dann vielleicht doch lieber eine niedliche Robbe. Diese Meeresbewohner gucken mit ihren schwarzen Glubschern immer so vertrauensselig. Dabei vergessen wir Menschen gerne, dass es sich bei diesen Gesellen um Wasserraubtiere handelt, die gegenüber Beutetieren, Artgenossen und anderen Geschöpfen auch ganz andere Saiten aufziehen können. Im Sommer 2018 machte eine Robbe vor der Küste Neuseelands Schlagzeilen, die sich durch einige Kajakfahrer gestört fühlte. Statt einfach ein paar Seemeilen weiterzuschwimmen, schnappte sich dieses kleine graue Biest einen kapitalen Tintenfisch, klemmte ihn sich zwischen die Zähne, schwamm nahe ans Kajak heran, stieg aus dem Wasser auf und klatschte dem Reisefotografen, der im Kajak saß, den Kopffüßer wie einen nassen Lappen durchs Gesicht. Die Szene wurde zufällig mitgefilmt und zeigt einen entsetzten Journalisten und eine ziemlich angefressene Robbe. Was der Tintenfisch zu der ganzen Aktion zu sagen hatte, wäre allerdings noch interessanter gewesen.

Gänse gelten weder als sportlich noch als besonders unsportlich. In den USA griff ein Exemplar im Herbst 2018 allerdings auf äußerst rabiate Weise in ein Jugendgolfturnier ein. Das große Flattervieh stieß aus der Luft auf einen 16-jährigen Teilnehmer herab, als dieser gerade zum Schlag ausholte. Der junge Mann ging zu Boden, worauf die Gans ihren Angriff fortsetzte. Obwohl auf dem ganzen Platz Golfspieler verstreut standen, legte sich der Vogel nur mit dem einen Teenager an. Der rappelte sich schließlich auf und ergriff die Flucht, die Gans blieb bei seinen Schlägern hocken und gab sie auch nicht wieder frei. Erste Vermutungen, die Gans wollte ihr Nest beschützen, wurden nicht bestätigt. Wahrscheinlich war der Vogel nur kurzsichtig und hatte geglaubt, dieser eine Golfer würde ihre Eier durch die Gegend kloppen. Der lokale Gerichtshof ließ Gnade vor Recht ergehen und begnadigte die aufmüpfige Vogeldame. Zumindest bis zum nächsten Weihnachtsfest. Ob eine indische Ratte mit so viel Nachsicht rechnen kann, ist unwahrscheinlich. Das Tier krabbelte in einen Geldautomaten und fraß sich mit einem diabolischen Kichern (Vermutung des Autors) durch die Scheine. Am Ende hatte der kleine Nager mal eben 15.000 Euro verfressen. Und da regen sich die Menschen über Franck Ribéry und sein goldenes Steak für lumpige 1.200 Euro auf. Die Ratte ist bis heute flüchtig, über eine Belohnung zur Ergreifung ist nichts bekannt.

Am Ende des Tages, wir lasen es bereits im Vorwort, ist es aber meist der Mensch, der den peinlichen Teil zur instinktgeführten Aktion eines Tieres hinzufügt. Selbst wenn er oder sie es nur gut meint. Wie die ältere Dame, die eines Abends in Nordrhein-Westfalen an einem Altkleidercontainer vorbeikam und jämmerliches Hundewinseln vernahm. Sofort wurden Tierschutz und Polizei eingeschaltet, der Container musste geknackt werden, was sich als gar nicht so einfach herausstellte. Als das Ding endlich offen war, zogen die Retter allerdings keinen Schäferhund, sondern ein batteriebetriebenes Kinderspielzeug aus den alten Klamotten. Aber lieber einmal zu viel nachschauen als einmal zu wenig.

VON KREISCHENDEN USCHIS, NONNEN IN REIZWÄSCHE UND NIESENDEN ERLÖSERN: BLAMABLE TOURISTEN IM AUSLAND

Touristen können eine peinliche Plage sein oder Gesandte des Himmels. Oftmals sind sie eine Mischung aus beidem. Denn einerseits bringen sie Geld in die Städte und Gemeinden, die ansonsten vielleicht bis heute vom Fischfang leben müssten. Auf der anderen Seite gehen sie den Einheimischen und sich selbst aber oft dermaßen auf den Keks, dass sich niemand beschweren würde, wenn ihr Ferienbomber beim nächsten Mal Richtung Antarktis abbiegen würde. So wie sich manche Urlauber benehmen, wäre das noch eine ziemlich gnädige Strafe.

Wir sprechen hier von Menschen wie diese beiden Waliser, die ihren Urlaub im fernen Australien verlebten. Die beiden gerade mal volljährigen Milchbärte betranken sich nach alter Väter Sitte am Strand, brachen anschließend in ein riesiges Aquarium ein und gingen den dortigen Bewohnern mächtig auf den Sack. Als Andenken an die Nacht klemmten sich die Briten noch einen Pinguin unter den Arm und gingen wieder in ihr Hotel. Am nächsten Morgen mussten sie feststellen, dass sie so einen Pinguin eigentlich gar nicht gebrauchen können, klemmten sich das erstaunlich genügsame Tier erneut unter den Arm und setzten es am Strand aus. Da Pinguine an australischen Stränden eine Überlebenschance von 1:100 haben, rettete eine andere Touristin dem Tier das Leben, indem sie die Polizei benachrichtigte. Die beiden Suffköppe kamen mit Strafen unter 1.000 Euro davon. Eine Runde Klassenkeile von einer Rotte verhaltensgestörter Königspinguine hätte es obendrauf ruhig noch sein dürfen.

In Rom gehen die Behörden mittlerweile rabiater gegen peinliche Touristen und ihre Ideen vor. Das Kolosseum gehört zu den meistbesuchten Attraktionen weltweit, weit mehr als sieben Millionen Menschen schieben sich Jahr für Jahr durch die Ruinenlandschaft. Und nicht wenige kommen auf die glorreiche Idee, ihren Namen in die antiken Steine zu ritzen. Statt Gladiator-Feeling können nachfolgende Besucher dann »Michael war hier« oder »Jenny und Kevin für ever« lesen. Wollen die aber gar nicht, deshalb durfte eine französische Touristin auch mal bis zu schlappe 20.000 Euro für die Restaurierung des von ihr verschandelten Steins abdrücken. Das wären noch ein paar Urlaube gewesen. Zwei betrunkene Brasilianer trieben es noch weiter, sie drangen nachts in das Kolosseum ein und vollführten zwischen den über 1.000 Jahre alten Gebäuderesten irgendwelche Turnübungen. Einer der Alko-Sportler stürzte dabei rund vier Meter in die Tiefe und brach sich die Hüfte. Die restlichen Selfies kamen dann aus dem Krankenhaus. Hallo Mama, ist schön hier. Alles so weiß. Ähnliche Probleme gibt es allerdings auch an anderen antiken Stätten wie den Pyramiden in Luxor. Dort verewigte sich ein asiatischer Tourist gleich mit Vor- und Nachnamen. Weil es ein ziemlich seltener Name war, verfolgten die ägyptischen Behörden den Kollegen bis nach Hause und übersandten ihm die Rechnung. Gut, dass sich da kein Andreas Müller oder Michael Maier verewigt hat.

In Schanghai verwechselte eine greise Passagierin die Turbinen eines Flugzeugs mit einem Wunschbrunnen. Weil sie unter Flugangst leidet, schnippte die Oma mehrere Münzen in Richtung Turbinen. Ein Geldstück verfehlte das Ziel nicht. Zum Glück wurde sie bei ihrer Aktion von einer anderen Dame beobachtet. Die Münze konnte entfernt werden, Oma durfte trotzdem mitfliegen, obwohl ihre Kleingeldspende eine echte Katastrophe hätte auslösen können.

An fremden Gestaden wird der Fremdschämfaktor umso höher, wenn man feststellt, dass die peinlichen Deppen aus dem eigenen Land stammen und sich auch noch so verhalten, wie es das Klischee verlangt. Als der Verfasser dieser Zeilen vor einigen Jahren in einem kleinen Hotel am Mittelmeer saß und die Sonne genoss, tauchte eine Rutsche neuer Gäste auf. Die Frischlinge hatten den Innenbereich noch gar nicht richtig betreten, da fing eine rund 60-jährige Tante (optisch Typ: Uschi Krabowski) zu kreischen an, als würde Godzilla persönlich am Pool liegen. Das Problem der Frau waren aber keine Urzeitmonster oder einheimische Insekten, sondern eine (!) gesprungene Kachel zwischen Badebereich und Bar. Das Uschi kreischte auf Deutsch los, dass sie dieses Hotel niemals betreten werde, denn wer bei solchen Kleinigkeiten schon so nachlässig sei, dem könne man überhaupt nicht trauen. Sprach's, schnappte sich ihren halb so großen und halb so schweren Mann, der peinlich berührt in die Luft schaute, und schlappte von dannen. Als der Barkeeper mich auf Englisch fragte, was die Dame denn gesagt habe, zuckte ich mit den Schultern. Schienen Deutsche zu sein. Ich habe sie nicht verstanden, komme aus Dänemark.

Für kurze Zeit in den Knast ging es hingegen für zwei übermütige US-Amerikanerinnen in Kambodscha. Die beiden Schwestern besuchten den Preah-Kahn-Tempel, der aus dem 12. Jahrhundert stammt und für Buddhisten zu den wichtigsten heiligen Orten zählt. Die beiden Ami-Gören störte das nicht weiter, für angemessene Urlaubsfotos holten sie erst ihre Möpse hervor. Als dann auch noch die Hosen fielen, wurde es den Aufsehern zu viel, sie alarmierten die Polizei. In Gewahrsam wurde den beiden peinlichen Touristinnen plötzlich klar, dass sie einen Fehler gemacht haben. Müssen ziemlich clevere Girls gewesen sein, was sie aber nicht vor einer sechsmonatigen Gefängnisstrafe und vier Jahren Kambodscha-Verbot rettete. Ähnlich wie die zwei Damen und der Herr aus Frankreich, die in die Anlage von Pompeji einbrachen, um einen flotten Dreier zu schieben. Mittendrin kam dann noch die Polizei dazu und kassierte die liebestollen Denkmalschänder ein. Das Trio landete anschließend vor Gericht, allein die Verlesung der Anklageschrift soll für viel rote Haut bei den Angeklagten gesorgt haben. Auf Kreta verkleideten sich im Jahr 2009 gleich 17 besoffene Herren als Nonnen und flanierten über die Straßen. Dabei zeigten sie nicht

nur ihre unter der Kluft sitzende Reizwäsche, sondern restlos alles. Der älteste Teilnehmer der illustren Runde war übrigens weit über 60. Auch hier freute sich die Polizei über eine gute Fangquote. Ob die falschen Nonnen zur Strafe in einer Zelle sitzen mussten, ist leider nicht überliefert.

Ziemlich blamabel ist auch die Tatsache, dass der Selfie-Wahn immer mehr Todesopfer fordert. Ob an den Steilküsten von Portugal, am Grand Canyon in den USA oder in der peruanischen Ruinenstadt Machu Picchu – immer wieder stürzen Touristen in Schluchten und werden, wenn überhaupt, nur in handlichen Portionen gefunden.

Manchmal können Touristen allerdings gar nichts dafür, wenn sie sich vor den Einheimischen zum Kasper machen. Denn manche Sitten und Gebräuche sind so befremdlich oder einfach unbekannt, dass man als normaler Gast eines Landes nicht darauf kommen würde. In England wird es zum Beispiel als extrem unhöflich betrachtet, wenn der Beschenkte sein eingewickeltes Präsent vor den Schenkern öffnet. In Thailand ist es sehr unhöflich, wenn man der Mutter eines Neugeborenen sagt, das Baby sei hübsch oder süß. Thailänder bezeichnen die Babys ihrer Mitmenschen grundsätzlich als hässlich. Denn aus dem kleinen Wurm muss im Laufe der Zeit erst etwas Hübsches erwachsen. Versucht man sich nach diesen verwirrenden Fakten in der nächsten Kneipe eine Erfrischung zu genehmigen, sollte man darauf achten, nicht in einem arabischen Etablissement zu landen. Denn wer hier mit dem leeren Bierglas in Richtung Kellner wackelt, was hierzulande nichts anderes bedeutet als »Lass die Luft aus dem Glas, aber zackig«, zeigt dem arabischen Kollegen an, dass es genug ist. Im arabischen Raum wird nämlich automatisch nachgeschenkt, bis der Gast durch das Gläserwackeln ein Ende anzeigt. In Luxemburg werden Kuchen und Torten grundsätzlich mit Messer und Gabel gegessen, während ein auf dem Bett abgelegter Hut in Italien den baldigen Tod eines Familienmitglieds anzeigt. Auch bringt es im Stiefelland demjenigen Unglück, der einen Regenschirm aufgespannt abstellt. Was die Frage aufwirft, wie die Dinger nach einem Spaziergang durch den Regen getrocknet werden? Mit dem Fön? Im Backofen? Ich persönlich habe schon Pizzen gegessen, die die zweite Variante möglich erscheinen lassen.

Wer eine Russin für sich gewinnen und ihr zu diesem Behufe ein paar Schnittblumen veräußern möchte, sollte dies nur tun, wenn im Strauß eine ungerade Zahl von Rosen oder Tulpen steckt. Eine gerade Anzahl von Blumen gibt es im Reich von Väterchen Frost nur im Trauerfall. Wobei sich manch Balz auch schnell als ein solcher erweisen kann. Wer lieber seine sadistische Ader auslebt, der reist nach Tschechien. Hier wollen Frauen am Ostermontag mit Weidenruten auf die Beine geschlagen werden, da dies Glück bringen soll. Aber nicht so dolle, sonst wird's unappetitlich. In Taiwan sollte man mit der Farbe Rot sowieso vorsichtig sein. Wer einen

Brief mit rotem Stift schreibt, signalisiert dem Empfänger, dass man ihn nicht mag. Wer sich in Norwegen unbeliebt machen will, zieht bei einsetzender Dunkelheit einfach die Gardinen zu. Das ist im hohen Norden ein Zeichen dafür, dass Freunde und Fremde nicht willkommen sind. Die meisten Norweger haben deshalb tatsächlich immer offene Gardinen, auch wenn sie an einer belebten Straße im Erdgeschoss wohnen. Gut, spart natürlich die Produktion eines Formats wie *Big Brother*. In Spanien werden erkältete Menschen dafür oft vor dem Teufel beschützt. Denn wer niest, öffnet unweigerlich den Mund. Diesen ungeschützten Moment nutzt Meister Satan, so glauben sie es in Südeuropa, um in den Menschenkörper zu fahren. Was er dann da treibt ist nicht so klar, vielleicht spielt er ein bisschen mit den Polypen oder erkundet den Dickdarm. Auf jeden Fall eine sehr unangenehm Sache, deshalb wünschen Spanier beim Niesen nicht »Gesundheit«, sondern »Jesus«. Auf Ideen kommen die Leute. In Katalonien werden die Geschenke nicht vom Weihnachtsmann, sondern von einem knorrigen Baumstamm mit Gesicht gebracht. Der Baum hat auch keinen Sack dabei, er kackt die Präsente wortwörtlich aus. Eltern machen Pupsgeräusche, damit ihre Kinder glauben, Caga Tió (so heißt der Baum) sei schon in der Nähe. Aber immer noch besser als in Griechenland. Da dürfen fremde Menschen einfach dreimal auf irgendwelche Babys spucken, die vorbeigekrabbelt kommen. Das soll Glück bringen, könnte bei unwissenden Eltern aber auch ganz schnell eine Tracht Prügel für den Spucker geben. Und das wäre für alle Seiten peinlich. Also doch lieber Urlaub in einem sicheren Land machen. Wie wäre es mit der Schweiz? Eine gute Wahl, allerdings nicht für Kinder oder ledige Frauen, die sich an Fasnacht in der Region Splügen aufhalten. Denn an diesem Tag dürfen sie von sogenannten Pschuurirollis eingefangen und so richtig schön mit Ruß vollgeschmiert werden. Sollten Sie also im Februar durch Splügen spazieren und einen seltsam gewandeten Typen sehen, der auf einer Frau hockt und ihr Ruß ins Gesicht schmiert, bitte einfach weitergehen. Das hat alles seine Richtigkeit.

VON SCHÄNDENDEN ERPELN, LAUFENDEN SCHOKORIEGELN UND SEXUELL ERREGENDEN STECKDOSEN: DIE PEINLICHSTEN ZEITUNGS-SCHLAGZEILEN ALLER ZEITEN

Journalisten haben es in diesen Tagen wahrlich nicht leicht. Ob US-Präsident Donald Trump, irgendwelche Hinterbänkler von der AfD oder demonstrierende Wutbürger, sie alle geben der sogenannten »Lügenpresse« die Schuld an allem, was schiefläuft in der Welt. Flüchtlingskrise? Die Lügenpresse hat sie reingeholt! Drogendealer vor Kindergärten? Die Lügenpresse hat sie dort hingestellt! Das Wetter ist zu heiß, kalt, feucht oder trocken? Die Lügenpresse weigert sich standhaft, von Manipulationen in unserer Atmosphäre durch den Mossad, die CIA oder den DFB zu berichten! Die Lügenpresse steckt hinter allem, am Ende wahrscheinlich sogar hinter der Lügenpresse selbst.

Nun könnte man natürlich einwenden, dass die drei zu Beginn genannten Institutionen (also der aktuelle US-Präsident, die AfD als solche und auch der Wutbürger-Mob) nicht zu denen gehören, denen man einfach mal per se Intelligenz unterstellen würde. Allerdings existieren eine solche Anzahl blamabler Schlagzeilen in Zeitungen und Magazinen, dass selbst der größte Anhänger des Internationalen Presseclubs ins Grübeln kommt. Ob es wiederum ein Zufall ist, dass die meisten dieser Schlagzeilen aus Presseerzeugnissen stammen, die den drei Institutionen traditionell eher näher stehen als andere? Das mag die Nachwelt entscheiden. Jetzt wird es erst mal höchste Zeit für ein paar wirklich peinliche, seltsame und selbstverständlich sauber recherchierte Schlagzeilen, die genau so tatsächlich in den Bahnhofsbuchhandlungen und Kiosken zu kaufen waren.

Und damit es zu Beginn dieses Textes gleich mal so richtig rummst, beginnen wir mit einem fast 20 Jahre alten Klassiker: »Ufo-Sekte will jetzt Hitler klonen«. Zack, das sitzt. In dieser kurzen Schlagzeile steckt so ziemlich alles, was ein deutscher, früh verrenteter Zeitungskäufer morgens beim Bäcker lesen will. Eine geheimnisvolle Sekte, die wahrscheinlich kurz davor ist, die Weltherrschaft an sich zu reißen. Sie wollen längst zu Asche verkohlte Menschen klonen, sind demnach also technisch auf dem allerneuesten Stand. Und sie verbünden sich auch noch mit Hitler, diesem Schlagzeilen-Zombie, der seit Jahrzehnten beinahe täglich durch die Gazetten geistert, obwohl sein Gesundheitszustand seit April 1945 von Experten zumindest als äußerst bedenklich eingestuft wird. Am Ende kam es dann aber nicht ganz so wild. Claude »Rael« Vorilhon ist der Guru dieser bis heute aktiven Sekte, die 1973 in Kanada gegründet wurde. Meister Rael gab damals ein Fernsehinterview, in dem er davon sprach, Hitler klonen zu wollen. Allerdings nicht, um ihn wieder als Führer oder Ministranten seiner obskuren Gemeinde einzusetzen, sondern um ihn vor Gericht zu stellen. Rael war nämlich der Meinung, solch ein Unterfangen würde den jüdischen Teil der irdischen Bevölkerung erfreuen. Kurz nach dem Fernsehinterview beeilten sich mehrere Vertreter jüdischer Organisationen zu beteuern, sie könnten auf ein Comeback des braunen Adolfs sehr gut verzichten. Auch rief das Symbol der Ufo-Sekte, eine Art Davidstern, in der sich ein Hakenkreuz befindet, Befremden hervor. Rael verstand die Welt nicht mehr, schließlich kamen seine Leute und er doch in Frieden. Das Logo wurde mittlerweile geändert (das aktuelle sieht aus wie ein Werbelogo für jüdisches Speiseeis), Rael und seine Jünger experimentieren aber weiter mit ihren Chemiebaukästen (ohne auch nur einen Marienkäfer geklont zu haben) und warten auf die Ankunft allwissender Aliens. Was die zum Thema Hitler zu sagen haben ist bis heute nicht bekannt.

Doch nicht nur in Deutschland ist die Hölle los, auch in den Niederlanden herrscht das totale Sodom und Gomorrha. Schreibt zumindest eine deutsche Tageszeitung mit großen Buchstaben. Die Schlagzeile lautete: »Schwule Stockente schändet Erpelleiche«. Da kommt einem die Martinsgans vom letzten Jahr wieder hoch. Samt Rotkohl. Tatsächlich musste ein Museumsdirektor in Rotterdam laut der deutschen Tageszeitung mit ansehen, wie ein stolzer Erpel mit Schmackes gegen die Scheibe seines Institutes segelte und mit gebrochenem Genick vor selbiger liegen blieb. Ein für sich genommen schon unschönes Bild. Dann aber muss der entsetzte Gelehrte beobachten wie ein Artgenosse des soeben verunglückten Bruchpiloten angewatschelt kam und sich an dem Leichnam verging. Volle 75 Minuten soll der notgeile Kollege seinen noch warmen Bruder geschändet haben, bis er endlich genug hatte. Das war sie also, die erste von Menschen beobachtete homosexuelle Leichenbegattung bei Stockenten. Dem toten Erpel dürfte es egal gewesen sein, der Museumsdirektor soll seitdem allerdings eine Geflügelallergie entwickelt haben und sich von schwulen Schwänen verfolgt fühlen. Armer Mann.

In einem US-amerikanischen Revolverblatt sorgte eine andere Überschrift für fragende Blicke. »Frau in einem Sumō-Kämpfer-Anzug verprügelt ihre Ex-Freundin in einer Schwulenbar, nachdem diese einem Mann zugewunken hatte, der als Snickers verkleidet war«. Keine Frage, auch hier steckt viel Schönes drin. Zuallererst die Dame im Sumō-Kämpfer-Anzug, der ja eigentlich nicht viel mehr ist als eine überdimensionale Windel. Dann die Ex-Freundin, die einfach irgendwelchen Männern zuwinkt und am Ende vielleicht sogar Handküsschen verteilt. Und nicht zuletzt ein Mann in einer Schwulenbar, der sich als Schokoriegel verkleidet hat, offensichtlich aber nicht genug Nüsse hatte, um die Sumō-Tante davon abzuhalten, ihre Ex zu vermöbeln. Wie verkleidet man sich eigentlich als Schokoriegel? Und warum? Bei manchen Dingen ist es wirklich besser, nicht zu weit ins Detail zu gehen.

In Irland grasen nicht nur glückliche Kühe, die besonders streichzarte Butter geben, sondern auch Männer, deren Intelligenzquotient eindeutig unter dem eines durchschnittlich begabten Rindviehs anzusiedeln ist. Anders ist folgende Schlagzeile nicht zu erklären: »Unser Baby ist schwarz – weil ich süchtig nach Lakritze bin!« Das erzählte eine ziemlich blasse Irin ihrem nicht minder gebräunten Ehemann, als bei der Entbindung ein erstaunlich dunkles Baby zum Vorschein kam. Angeblich glaubte der Mann die Geschichte, schließlich hatte seine Frau in der Schwangerschaft kiloweise Lakritze vertilgt. Erst seine Kumpels sollen ihn dann aufgeklärt haben. Die Dame gestand schließlich das Offensichtliche, eine Affäre mit einem schwarzen Mann. Der Gehörnte ließ sich scheiden und hat die Versuche, sich fortzupflanzen, hoffentlich aufgegeben. Wenn Dummheit auch nur ein kleines bisschen vererbbar ist, dann gäbe das eine Katastrophe.

Apropos dumme Rindviecher, wie wäre es mit der Schlagzeile »Deutsche Kühe gehen unter«? Die wirft nämlich erst mal Fragen auf. Gehen die Kühe in der Masse anderer Nutztiere unter? Oder in der öffentlichen Wahrnehmung? Oder ist das tatsächlich wörtlich gemeint? Ist es, denn eine Berliner Universität hat herausgefunden, dass deutsche Kühe nicht schwimmen können. Anhand von 400 Testtieren konnte die Uni nachweisen, dass der Schließmuskel der wandelnden Milchbars so schwach ist, dass die Kuh bei einem Badeversuch von hinten mit Wasser vollläuft und stumpf untergeht. Ob die Universität für diese Erkenntnis tatsächlich 400 Kühe in den Wannsee gejagt hat, ist dem Artikel leider nicht zu entnehmen.

Noch nicht genug Sex? Kein Problem, eine deutsche Tageszeitung machte mit folgender Schlagzeile auf: »In Steckdose ejakuliert – Mann bezahlt mit dem Leben«. Gut, hier lässt sich trefflich streiten, ob die Schlagzeile oder der Akt als solcher peinlicher ist, aber möchte man diese Schlagzeile wirklich morgens beim Frühstück lesen? Der Steckdosenbegatter war im Hauptberuf übrigens Polizist; was den Herrn geritten hat, ausgerechnet in eine Steckdose zu kommen, kann er maximal noch seinem Schöpfer erklären. Dürfte 'ne ziemlich peinliche Angelegenheit werden. Wie auch die folgende Schlagzeile, wenn auch aus ganz anderen Gründen. »Unbekannter reißt Zweige vom Strauch ab«. Stattgefunden hat diese unglaublich brutale und sinnlose Tat im bayrischen Städtchen Pfaffenhofen. Muss ein Hotspot für das organisierte Verbrechen sein. Es bleibt nur zu hoffen, dass der irre Täter nicht noch irgendwo da draußen herumläuft. Der Texter der Schlagzeile »Werden wir jetzt alle Afrikaner?«, die im heißen Sommer 2003 veröffentlich wurde, musste wahrscheinlich ebenfalls nicht in Haft. Erstaunlich, selbst der Grafiker, der deutsche Promis wie Gottschalk, Bohlen und G. Schröder mittels aufwendiger Bildbearbeitung in lustige Negerlein verwandelte (galt Blackfacing 2003 noch nicht als rassistisch?), durfte weiter seine Freiheit genießen.

Im Jahr 2005 wurde mit der Schlagzeile »Deutscher Erfinder kann aus Katzen Benzin machen« nachgelegt. 20 Tiere pro Tankfüllung sollen reichen. Wer sibirische Tiger nimmt, kommt mit noch weniger Miezekatzen aus. Mehr Öko geht nicht. Gegen die Schlagzeile »Lotto-Zahlen immer blöder« lässt sich hingegen wenig sagen. Weder die 27 noch die 38 haben sich in letzter Zeit mit besonders cleveren Statements hervorgetan.

Manchmal sind es allerdings gar nicht die Schlagzeilen als solche, die für ein pikiertes Kichern sorgen, sondern das Umfeld, in dem sie zu finden sind. Klassiker ist dabei die Kombination aus Nachricht und Werbung in unmittelbarer Nachbarschaft. Und auch hier hat eine große deutsche Tageszeitung wiederum die Nase vorn. Sie lieferte gleich zwei unsterbliche (hüstel) Klassiker des Genres. »Scheintot! Sie lag zwei Tage im Leichenkeller ... erst dann starb sie an Unterkühlung« lautete die Schlagzeile im Jahr 1995. Und direkt daneben wurde eine Werbeanzeige für den Film *Stirb langsam: Jetzt erst recht* platziert. Da wäre selbst Bruce Willis alias John McClane das überhebliche Grinsen aus dem Gesicht gebröckelt. Nicht minder peinlich die Kombination, die sich über ein Jahrzehnt später im gleichen Blatt finden ließ, dieses Mal online. »Athen brennt 3 Tote« blökte die Schlagzeile in gewohnter Missachtung von Rechtschreib- und Zeichensetzungsregeln dem Leser entgegen. Und direkt darüber die Werbung eines Supermarktes mit der Zeile »Jetzt mitbrutzeln und heiße Preise gewinnen«. Welche Preise es da zu erbruzzeln gab, stand leider nicht dabei. Aber es würde wohl nicht weiter verwundern, wenn es um einen Griechenlandurlaub ging. All inclusive, versteht sich.

Doch egal ob wir Papst sind, ein Mann seine Frau mit Google tötet, Schüler einen Fahrstuhl in den Weltraum bauen oder irgendein Typ vom Dackel seiner Schwiegermutter entmannt wird – am Ende bleibt uns braven Bürgern nichts anderes übrig, als diesen Blödsinn zu glauben. Denn wie sagte der Opa des Verfassers dieser Zeilen schon vor 30 Jahren so weise? Klingt zwar ein bisschen komisch, aber steht ja in der Zeitung. Muss also stimmen. Früher war eben alles besser. Sogar die Lügenpresse.

VON FEUERWEHRSCHLÄUCHEN, TOASTBROTEN UND POLNISCHEN ORGANDIEBEN – DIE BLAMABELSTEN ANMACHSPRÜCHE ALLER ZEITEN

D as Flirten wurde, entgegen anderslautenden Meldungen, nicht erst 1961 in einer Disco im niedersächsischen Gamsen erfunden, sondern existiert wahrscheinlich so lange wie der Mensch selbst. Ob Steinzeit, Mittelalter oder Neuzeit, immer versuchte das Männchen ein Weibchen (anderes Männchen, in Geschlechtsfragen unentschiedenes Wesen etc. pp.) von seinen Vorzügen zu überzeugen. Ob für eine Nacht oder ein ganzes Leben, der Aufwand war und ist stets der gleiche, auch wenn es im Zuge der Gleichberechtigung sogar Weibchen geben soll, die mittlerweile auf Männchen zugehen. Im Tierreich nichts Besonderes, bei Menschen immer noch eher die Ausnahme (von bestimmten Ortschaften wie Mallorca, Ibiza oder Prag, wo hinter einer Anmache unter Umständen auch monetäre Interessen stehen können, mal abgesehen). Und so liegt die Last des gelungenen Ansprechens zu großen Teilen bei den Herren der Schöpfung, was grundsätzlich keine gute Idee ist. Denn Männer haben in den letzten Jahrzehnten wirklich alles probiert, von Flirtschulen über Ratgeber in Buchform bis hin zu Gesprächen mit Psychologen, am Ende sind sie noch genauso schlau wie vorher. Klar, die Dame möchte individuell, kreativ und freundlich angesprochen werden, wenn möglich vom richtigen Kerl. Das sind einfach zu viele Hürden für einen gewöhnlichen Typen, der zwischen Angeboten im Baumarkt und dem aktuellen Stand der Bundesligatabelle nun auch nicht endlos viele Kapazitäten frei hat. Und wenn noch das eine oder andere Bierchen hinzukommt, ist's eh Sense mit allen guten Vorsätzen. Dann werden die auswendig gelernten Anmach-sprüche aus der Schublade geholt und so versucht, wenigstens noch eine akzeptable Bettgenossin für die Nacht zu finden. Blamabel sind und bleiben die meisten Anmachsprüche allerdings so oder so.

Beginnen wir an dieser Stelle mit den Schleim-Sprüchen, die die eben erst in einer Ecke der Kneipe erspähte Holde in die Sphären einer Göttin hebt. »Deine Eltern müssen Diebe sein, sie haben den schönsten Stern vom Himmel geklaut« (wahlweise auch: »Deine Eltern müssen Architekten sein, du bist so gut gebaut«) werden angeblich immer noch angewendet, obwohl sie bei jedem Flirt-opfer mit einem IQ über 25 eigentlich nur noch Brechreiz auslösen müssten. Ebenso wie der Spruch »Ich dachte, Engel hätten Flügel«, über den mittlerweile nicht mal mehr die Hühner lachen. Aber ein Kompliment ist eben ein Kompliment, egal wie platt es gemacht wird. »Heißt du Google, du bist alles, wonach ich gesucht habe« klingt ebenfalls schwer nach geistiger Diarrhö, erweckt dank des Wörtchens »Google« aber immerhin noch den Anschein von Ak-tualität. Vielleicht ist der Typ ja Inhaber eines aufstrebenden Start-ups, fährt Porsche und in den Urlaub nach St. Tropez? Den kann mal ja zumindest mal auschecken. »Mit meiner Intelligenz und deinem Aussehen könnten wir Supermenschen züchten« geht da noch einen Schritt weiter und weist dem Weibchen gleich seinen Platz zu. Muss man als Frau mögen. »Das Leben ist ein riesiges Puzzle, und du bist das letzte Stück, das mir noch fehlt« klingt zwar weniger sexistisch, löst aber auch Nerd-Alarm aus. Sollte der bag-gernde Herr auch noch einen Pullunder tragen, dürfte er mit dem Spruch wohl maximal beim Seniorenkränzchen der örtlichen FDP punkten. Das gilt auch für sämtliche Anmachsprüche, die Formu-lierungen wie »Paradies«, »Romeo und Julia« oder »Sonnenschein« beinhalten. Ein bisschen Nostalgie ist ja ganz schön, aber bei sol-chen Sprüchen wäre nicht mal die Generation unserer Uromas aus ihren Schlüppern gehüpft. »Kommst du aus Polen? Du hast mein Herz gestohlen« fügt dem romantischen Anmachuniversum noch eine rassistische Note hinzu. Einzig mögliche Antwort: »Nein, aus Russland. Und du weißt, was mit deinem Führer passiert ist, als wir vor Berlin standen.« Zack, schon verschwindet das Geschlechtsteil des Gegenübers im Bunker, beziehungsweise in der Bauchhöhle.

Romantik ist eh so eine Sache für sich, sie wirkt schnell albern oder schmierig. Warum also nicht gleich mit der Tür ins Haus fallen und klarmachen, worum es in dieser Anmache geht? Sex sells, keine Missverständnisse mehr denkbar. »Ich liebe dein rechtes Bein wie Weihnachten und dein linkes wie Ostern. Darf ich zwischen den Feiertagen mal vorbeischauen?« Zack, hier gibt es nur zwei Möglichkeiten zu reagieren: Entweder bekommt der Mann die restliche Piña Colada ins Gesicht, oder es haben sich zwei gesucht und gefunden. »Gott hängt zwischen meinen Beinen« ist eigentlich kein direkter Anmachspruch, zeugt aber von einem gewissen Selbstvertrauen des Schwanzträgers. Und irgendwelche Frauen müssen auf solch ein Potenzgeprotze ja abfahren, Dieter Bohlen, Ronald Schill oder Michael Wendler blieben ihr Leben lang schließlich nicht unbegattet. Eigentlich seltsam. Doch graben wir uns weiter durch den Urschlamm der widerlichen Verbaleröffnung und betrachten den Anmachspruch »Du gehörst eingesperrt. Und zwar in mein Schlafzimmer«. Ja, auf der unten offenen Peinlichkeitsskala schon nicht schlecht. Hat im positiven Fall einen BDSM-Touch, im negativen denkt man an Josef Fritzel, das Horrorhaus von Höxter oder Natascha Kampusch. »Magst du Blumen? Ich habe Samen« wirkt dagegen nur vordergründig botanisch, ebenso wie »Magst du mal zum Essen kommen, ich habe Kondome mit Geschmack da« weniger auf lukullische Genüsse abzielt. Auch möchte jemand, der seinen Köder in ihren Teich wirft, nicht wirklich angeln. Nein, es sind wenig kreative Umschreibungen für das alte Rein-und-raus-Spiel, die in Diskotheken, Kneipen und an S-Bahn-Haltestellen die Luft verpesten. Und eine holde Maid, die auf Sätze wie »Ich bin Meister Propper, darf ich mal dein Becken schrubben?«, »Hast du eine gute Haftpflichtversicherung? Denn du hast mir gerade eine Beule in

die Hose gemacht«, »Hast du schon mal einen echten Feuerwehrschlauch in der Hand gehabt«, »Sag deinen Brüsten, sie sollen aufhören, meine Augen anzustarren« oder »Ich bin vom TÜV, darf ich mal deine Hupen testen?« einsteigt, darf sich durchaus schon mal fragen, was in ihrer Kindheit so alles falsch gelaufen ist.

»Was willst du morgen zum Frühstück am Bett?« wird von einer sich selbst als »seriös« bezeichnenden Flirt-Homepage als ultimativer Anmachspruch empfohlen. Dann wollen wir mal hoffen, dass die Angebetete keine Germanistin ist. »Ich hoffe du kannst lesen, denn es steht etwas in meiner Hose« ist grammatikalisch zwar korrekter, das war's dann aber auch. Und die Umschreibung des männlichen Geschlechtsteils als Toast, während die Dame ja zufällig einen Toaster mit sich führt, ist anatomisch irreführend. Unwahrscheinlich, dass es tatsächlich Penisse gibt, die wie eine Scheibe Brot aussehen. Der allseits bekannte Vergleich zwischen dem Törtchen und der Sahne mag da vielleicht naheliegender sei, ist aber dermaßen ausgelutscht, dass er in den 80er-Jahren des vergangenen Jahrhunderts wahrscheinlich auf einem knalligfarbenen Sticker gedruckt worden wäre. Was für »Ich bin gut drauf, bist du gut drunter« tatsächlich gilt. Der Verfasser dieser Zeilen erinnert sich daran, diesen Spruch auf seine Spielkiste geklebt zu haben, wo unter anderem auch Sprüche wie »Petting statt Pershing«, »Ligaleiz Erbeereis« oder »Allah ist mächtig, Allah ist stark. Ein Liter Benzin kostet bald zwei Mark« prangten. Ich gebe zu, dass ich als siebenjähriger Grundschulstenz und Playmobil-Fanatiker keinen einzigen davon verstanden habe, mir letztgenannter aber noch heute manchmal durch den Kopf geht, wenn ich an einer Tankstelle vorbeifahre.

Zurück zu den Hengsten, die selbstverständlich alle unter »H« im Telefonbuch zu finden sind, sich bei ihrem Flirtwildbrett aber gerne als Winnetou Koslowski vorstellen. Schließlich sollen Polen und Indianer die besten Liebhaber sein. Wem bei solchen Sprüchen nicht vor Scham und Ekel die Zähne ausfallen ... Nicht weniger blamabel, aber wenigstens ehrlich wirken Sätze wie »Ich bin so schlecht im Bett – das musst du erlebt haben« oder »Ich möchte nicht in deiner Haut stecken – höchstens ein paar Zentimeter«, wobei »ein paar Zentimeter« natürlich relativ sind. »Hast du mal zehn Minuten Zeit und 20 Zentimeter Platz« ist da schon etwas genauer. »Geh mal lieber einen Schritt zur Seite, ich weiß nicht, wie groß er noch wird« klingt wiederum ein wenig arg großspurig und kann nur mit einer Enttäuschung enden. Spätestens dann, wenn das Maßband herausgeholt wird. »Hast du Wasser in den Beinen? Meine Wünschelrute schlägt aus« kombiniert Sexismus mit einer Beleidigung und kommt deshalb doppelt gut an. Nein, wahrscheinlich nicht mal in der Hölle.

Bei solchen Anmachsprüchen ist es erstaunlich, dass sich die Menschheit überhaupt noch fortpflanzt, oder? Keinesfalls, denn es gibt sie noch, die wahren Gentlemen, die mit einem einzigen Satz das Eis zwischen den Geschlechtern brechen können. Der Urvater dieser reinrassigen Anmach-Charmeure dürfte Humphrey Bogart sein, der seiner Filmpartnerin Ingrid Bergman in dem Film *Casablanca* ein zärtliches »Schau mir in die Augen, Kleines« zusäuselt. Was für ein Mann, was für ein Satz. Schade nur, dass selbiger a) mittlerweile verschwunden und b) sowieso falsch ist. In einer frühen deutschen Synchronfassung ist der Satz aller Sätze tatsächlich zu hören, später wurde daraus »Ich seh dir in die Augen, Kleines«. Immer noch nett, aber auch immer noch komplett falsch übersetzt, das originale »Here's is looking at you, Kid« ist ein relativ gewöhnlicher Trinkspruch. Und nicht mal der stimmt, wie neueste Funde des Originaldrehbuchs nahelegen. Denn ursprünglich sollte Bogart ein noch unverfänglicheres und gewöhnlicheres »Here's good luck for you« sagen, was übersetzt so viel wie »Auf dich« bedeutet. Da Humphrey aber nuschelte, kam am Ende etwas heraus, was so weder gewollt noch gemeint war. Andere Quellen sprechen davon, dass Bogart den Satz eigenmächtig einfügte. So oder so, viel Romantik war da nicht im Spiel. Da passt es nur zu gut, dass sich Rick und Ilsa am Ende nicht bekommen und sich Bergman nach den Dreharbeiten wenig freundlich über die darstellerischen Fähigkeiten ihres Partners äußerte. Wenn der Satz aller Sätze aber schon auf Missverständnissen beruht, dann reicht in der Dorfdisco ein einfaches »Ey, Praline. Willste 'ne Füllung?« Aufwand und Ertrag müssen sich ja irgendwo die Waage halten.

VON KEVIN, EMELIE-EXTRA, BENSON UND HEDGES: DIE BLAMABELSTEN NAMEN, MIT DENEN MENSCHEN WIRKLICH RUMLAUFEN MÜSSEN

Eltern wird ja gerne unterstellt, sie würden für ihren Nachwuchs nur das Beste wollen. Das ist natürlich eine haltlose Unterstellung, jeder Mitarbeiter eines Jugendamtes kann da ganz andere Geschichten erzählen. Während manche Erzeuger handgreiflich werden, ihre Kinder einfach mal »aus Versehen« an der nächsten Autobahnraststätte »vergessen« oder stundenlang Lieder von Rolf Zuckowski vorspielen, greifen andere zu einem wesentlich perfideren Mittel: Sie schicken die eigene Brut mit einem Namen ins Rennen, der ihnen ihr Leben lang Knüppel zwischen die Beine werfen wird. Und diese Entscheidung fällt, noch bevor die kleinen Würmchen überhaupt krabbeln können.

Okay, beim Nachnamen lässt sich wenig machen. Wer Kackenbart, Brühschwein, Stopfkuchen, Leichenberg, Wixförtchen oder Käsebier (alles real existierende Namen aus dem deutschsprachigen Raum) heißt, muss entweder clever heiraten (Gudrun Faust und Michael Fick zum Beispiel sollten vielleicht auf einen Doppelnamen verzichten) oder die Schmach mit so viel Würde wie nur möglich ertragen. Vornamen hingegen sind innerhalb der gesetzlichen Vorgaben frei wählbar, was die eine oder andere elterliche Blitzbirne zu gar fürchterlichen Exzessen verleitet.

Kevin und Chantal, was bekanntlich keine Namen, sondern Diagnosen sind, stellen dabei nur die Spitze des Eisberges dar. Und auch Bezeichnungen wie Korbinian Nepomuk lassen uns mittlerweile kalt, so heißen halt Lehrerkinder. Die haben es eh schwer genug im Leben, da ist der Name nur noch die schmierig glänzende Pomade auf dem Scheitel der Lackaffigkeit. Eine seit einigen Jahren extrem beliebte Marotte stolzer Eltern ist die Benennung der Leibesfrucht nach dem Zeugungsort. Paris, London, Atlanta oder Lyon mögen ja schon ein wenig peinlich klingen, zum richtigen Problem wird die Idee allerdings erst, wenn die folgenschwere Vereinigung von Mama und Papa in Rötgesbüttel, Salzgitter-Sauingen oder Elend im Harz stattfand. Kein Richter dieser Welt würde diese Namen durchwinken, denn sie dürfen dem Kindswohl nicht im Wege stehen.

Dass man diesen unbestimmten Rechtsbegriff sehr weit auslegen kann, beweisen Gerichte in aller Welt allerdings immer wieder. So erlaubte die Justiz in Neuseeland zwei offensichtlich ziemlich kreativen Eltern, ihre Tochter Talula Does The Hula From Hawaii zu nennen. Ach wie lustig. Das arme Mädchen musste, kaum dass es schreiben konnte, feststellen, dass die Spalten in sämtlichen Formularen viel zu klein für ihren seltsamen Vornamenkauderwelsch waren. Außerdem gab es in der Schule ordentlich Feuer von den Mitschülern, weshalb sie sich aus Angst nur noch mit dem Buchstaben »K« vorstellte. Ein Gericht erlöste die mittlerweile Neunjährige von ihren Leiden und erklärte den staunenden Eltern, sie würden ihr Kind wie einen Trottel dastehen lassen. Das Kind hatte die Klage selbst angestrengt und durfte sich einen neuen Vornamen aussuchen (der nicht veröffentlicht werden durfte), während den Eltern das Sorgerecht entzogen wurde. Eine kurzlebige Popband aus Irland benannte sich nach dem alten Vornamen des Mädchens. Aber auch darauf hätte die kleine Neuseeländerin wahrscheinlich verzichten können.

Neuseeland scheint eh eine Quelle bescheuerter Vornamen zu sein. Ob es an der starken Sonneneinstrahlung liegt? Oder leiden die da unten alle unter Mangelernährung (Kiwis)? Egal, Fakt ist jedenfalls, dass ein Elternpaar am anderen Ende der Welt auf die Idee kam, seine Zwillinge Fish und Chips zu nennen. Das wurde von einem Gericht ebenso untersagt wie die Vornamen Sex Fruit, Fat Boy und Cinderella Beauty Blossom. Eigentlich müsste man die Eltern allein dafür einsperren, dass sie versucht haben, ihre Kids mit solchen Namen ins Leben zu schicken. Auf der anderen Seite gibt es in Neuseeland tatsächlich ein Zwillingspaar, das mit den Namen der Zigarettenmarke Benson und Hedges herumläuft. Auch ist der Name Violence (Gewalt) in Neuseeland anerkannt. Na, aus denen muss ja etwas werden. Vielleicht entdecken Benson und Hedges ein Wundermittel gegen Lungenkrebs, und Violence erhält den Friedensnobelpreis?

In Frankreich ist es in der Regel nicht ganz so heiß, aber auch hier brennen Eltern nicht selten die Sicherungen durch. Vor wenigen Jahren kamen zwei Ernährer auf die Idee, ihren Nachwuchs ernsthaft »Nutella« zu taufen. Okay, immer noch handlicher als Schoko-Nuss-Brotaufstrich, aber trotzdem ziemlich behämmert. Ein Gericht kassierte den Namen ein und strich ihn auf Ella zusammen, womit die Erzeuger offensichtlich leben konnten. Da sie

aber noch ein zweites Kind auf Vorrat hatten, wollten sie wenigstens hier ihren Willen durchsetzen und den kleinen Fratz »Fraise« (bedeutet übersetzt nicht »Fräse«, sondern »Erdbeere«) nennen. Auch diese Idee kam bei den Richtern nicht gut an, Lebensmittel sind grundsätzlich wenig geeignet, um Kinder zu benennen. Auch hier einigte man sich gütlich, die junge Dame trägt nun den offiziellen Namen Fraisine, was rein vom Sprachempfinden übersetzt auch Erdbeerchen heißen könnte. Tut es aber nicht, Glück gehabt.

Besonderen Humor bewies ein Paar aus dem arabischen Raum, das seinen frisch abgeferkelten Sohn »Fifa« nennen wollte. Zu lange vor der Playstation gesessen? Oder die Hoffnung auf eine Karriere als Eltern eines gut verdienenden, bis auf die Knochen korrupten Sportfunktionärs gehegt? Der Name wurde nicht genehmigt, und selbst der Papst schaltete sich mit den Worten ein, man möge doch bitte auch mal an den Nachwuchs denken. Der Mann kennt sich vielleicht nicht mit Kindern aus, dafür aber umso besser mit weltumspannenden käuflichen Organisationen, die ihren Anhängern das Blaue vom Himmel herunterlügen und sich die Taschen vollmachen.

In England wiederum reagieren Ämter und Gerichte besonders empfindlich, wenn Eltern ihren Blagen per Vorname einen Adelstitel oder einen militärischen Rang zuschustern wollen. Egal, ob Prinz, Admiral, Corporal oder Majestät, die Justiz ist nicht amüsiert. Da könnte ja schließlich jeder aus dem Pöbel kommen. Ob der ostfriesische Jungenvorname Lort auf der Insel anerkannt würde, ist nicht ganz klar. Klingt nach einem arroganten Blaublütler mit Teefetisch, wird aber anders geschrieben. In Schweden ist Lort definitiv verboten, denn dort steht das Wort für »Dreck«.

In Italien hingegen dürfen Eltern ihre Stammhalter nach dem Wochentag Mittwoch (Mercoledi) nennen, der Freitag (Venerdi), eigentlich der Jubeltag der meisten Arbeitnehmer, ist aber tabu. Die Begründung dafür mutet ein wenig abenteuerlich an: Der zuständige Richter scheint ein Freund der Literatur zu sein. Er setzte den Wochentag Freitag mit Robinson Crusoes willfährigem Diener

Freitag gleich, der von seinem Herrn und Lebensretter zum Christentum bekehrt und in die zivilisatorischen Grundregeln eingeführt wird. Der Roman aus dem Jahr 1719 von Daniel Defoe zählt bis heute zu den Klassikern der Weltliteratur, der italienische Richter erkannte in Freitag die Personifizierung der Unterwürfigkeit und des blinden Gehorsams und verbot den Namen. Puh, muss man erst mal drauf kommen.

In Malaysia gibt es die schöne Tradition, seinen Nachfahren möglichst blumige Vornamen zu verpassen. Manche übertreiben es allerdings, malaysische Gerichte mussten allen Ernstes Namen wie »stinkender Kopf«, »Geschlechtsverkehr« oder »der Buckelige« ablehnen. Selbst wenn diese Namen der Realität entsprechen, schön geht doch irgendwie anders. In Schweden zum Beispiel, da denkt man eher an seine Lieblingsband (Metallica), sein Lieblingsmöbelhaus (IKEA) oder die favorisierte Suchmaschine (Google). Allerdings wurden auch diese Namen samt und sonders nicht akzeptiert, wobei zumindest Metallica und Google nach längeren Gerichtsstreitigkeiten als Mittelnamen akzeptiert wurden. Den Vogel schoss allerdings ein Pärchen ab, das seinen Jungen »Brfxxccxxm npccclllmmnprxvclmnckssqlbb11116« nennen wollte. Angeblich wollten die beiden Weltverbesserer, die mit Elisabeth und Lasse übrigens recht profane Vornamen tragen, damit gegen das schwedische Namensrecht protestieren. Der skandinavische Staat lehnte das sinnlose Kauderwelsch ab, die Eltern weigerten sich, einen anderen Namen zu wählen. Als der namenlose Junge fünf Jahre alt war, verhängte Schweden ein Bußgeld gegen die Eltern, die daraufhin angaben, der Name mit den 43 aneinandergereihten Buchstaben und Zahlen sei während der Schwangerschaft als künstlerisches Projekt entstanden. Man solle den Namen im Sinne der Pataphysik verstehen, eine absurdistische Philosophie des französischen Schriftstellers Alfred Jarry, die als Parodie auf moderne Wissenschaften gilt und zum Beispiel die Oberfläche Gottes berechnet. Das Gericht zeigte den anscheinend hoch vergeistigten Eltern den Vogel, worauf die als Kompromiss anboten, ihren Sohn einfach »A« zu nennen. Auch das lehnte das Gericht ab.

Wer nun aber glaubt, dass alle blamablen Namen von Ämtern und Gerichten aussortiert werden, sieht sich getäuscht. Klar, über Geschmack lässt sich streiten, aber wer seine Tochter Emelie-Extra nennt, muss sich über fragende Blicke nicht wundern. Dank Til Schweiger ist auch Emma Tiger in Deutschland erlaubt. Aber an Privatschulen wird wahrscheinlich nicht so viel gelästert wie beim Mob auf dem gewöhnlichen Schulhof. Deutlich ur-germanischer wird es bei Schwerthelm oder Adalwolf. Auch die Träger dieses Namens können sich auf einiges gefasst machen. Und selbst ein Teutobert geht nicht wie ein Christian oder Michael durchs Leben. Findet dieser eines Tages allerdings seine Radegunde, Gottlobine oder Winzbraut, steht der Gründung eines eigenen Stammes irgendwo im Vogtland oder der Sächsischen Schweiz nichts mehr entgegen. Blond, blauäugig und mit überschaubarem Genpool gesegnet, so haben sie es gerne.

Noch anstrengender wird die Namensfindung allerdings, wenn man davon ausgehen muss, dass die eigene Brut eines Tages als Global Player agieren wird. Denn hierzulande völlig gebräuchliche Namen bezeichnen in anderen Ländern unter Umständen weniger schöne Dinge. So bedeutet der Name Svenja in Russland »Schwein«, Sida ist in Frankreich und Spanien die Abkürzung für Aids, und Bent wird in Großbritannien mit »homosexuell« übersetzt. Der rätoromanische Jungenvorname Nazi verbietet sich irgendwie von selbst, während Mona im arabischen Raum für »Hoffnung« steht. Im Spanischen allerdings für »Äffin«. Das scheint doch alles ziemlich kompliziert und lässt somit nur zwei gangbare Varianten zu: Entweder man spart sich den Kinderreigen samt dem damit verbundenen Namensvergebungsstress gleich ganz und fährt lieber dreimal im Jahr in den Urlaub. Oder der Spross wird konsequent zum Stubenhocker erzogen. Wer 14 Stunden am Tag vor dem PC oder der Konsole hockt, kann heißen, wie er oder sie will, es interessiert sowieso niemanden.

VON GESCHNAPPTEN SCHWEINEFÜSSEN, VORGETÄUSCHTEM SEX IN KLAMOTTEN UND BOXENDEN BABYS: DIE BLAMABELSTEN SPORTARTEN

Der glühende Nationalist Friedrich Ludwig »Turnvater« Jahn diktierte seinen Zeitgenossen einst folgenden Merksatz in die Fibel. »Frisch, frei, fröhlich, fromm. Das ist der Turner Reichtum.« Abgesehen davon, dass der Satz a) dreist aus dem 16. Jahrhundert gemopst wurde (er bezog sich damals auf Studenten) und sich b) nicht mal dann reimt, wenn man sich die Zunge bricht, brachte Jahn damit zum Ausdruck, dass zu einem gesunden Geist auch ein gesunder Körper gehört. Und dieser lässt sich leider nicht Chips futternd auf der Couch aneignen, sondern nur im Schweiße des eigenen Angesichts. Sport ist Zeitvertreib, Selbstreinigung, für einige gar Religion. Manche ausgestorbenen oder noch existenten Sportarten sind aber dermaßen peinlich, dass selbst Fitnessfetischisten den Abend lieber bei einer Kiste Bier und einer Stange Zigaretten ausklingen lassen würden, als sich diesen Blödsinn anzutun.

Beginnen wir den traurigen Reigen mit einer Sportart, die heute noch ausgeübt wird, glücklicherweise jedoch nur in Afghanistan, Kasachstan, Usbekistan und einigen anderen »Tan-Staaten« irgendwo hinter Russland. Beim Buskaschi jagt eine beliebige Zahl von Reitern auf ein am Boden liegendes geköpftes Kalb (Ziegen gehen auch) zu und versucht, den Kadaver vom Pferd aus zu fassen zu bekommen. Mit dem Vieh in der Hand muss der Spieler nun den Preisrichter erreichen, um ihm die Leiche vor die Füße zu legen. Alle anderen versuchen das zu verhindern. Erlaubt ist alles, der Mann mit dem »Spielball« darf also bespuckt, mit Peitsche geschlagen, getreten und beleidigt werden. Hauptsache, er lässt das Aas wieder los. Bukaschi ist ein brutales Spiel (deshalb wird es im Actionfilm »Rambo III« auch kurz gezeigt), manche Matches werden über Tage ausgetragen. Der Sieger erhält eine Belobigung vom Dorfältesten und ein wertvolles Pferd. Ob mit oder ohne Kopf wird wahrscheinlich im Einzelfall entschieden.

Ganz ohne tote Tiere geht es auch bei den »Redneck Games« nicht ab, die seit 1996 alljährlich in Dublin stattfinden. Gemeint ist hier allerdings nicht die irische Metropole (sonst hätte der Name der Veranstaltung auch irritiert), sondern ein 16.000 Einwohner zählendes US-Kaff irgendwo in Georgia. Rednecks sind per definitionem arme weiße Landbewohner, die stolz darauf sind, blaue Latzhosen zu tragen, gerne auf fremde Menschen schießen (also auf jeden außer ihren direkten Nachbarn) und überdurchschnittlich häufig in US-amerikanischen Zombiefilmen auftauchen. Bei den »Rednecks Games«, der Name lässt es fast vermuten, handelt es sich um eine Art Olympiade dieser speziellen Bevölkerungsgruppe. Und natürlich werden hier Sportarten betrieben, die zum einfachen Landleben passen. So dürfen sich die Teilnehmer zum Beispiel in der Disziplin »Achselfurzen« messen, der lauteste gewinnt. Kleiner Zwischeneinwurf: Die zu 90 Prozent aus Plastik bestehende Sängerin und Schauspielerin Cher gilt als die Frau mit den schönsten Achselhöhlen der Welt. Echt jetzt! Egal, weiter im Text mit den Rednecks. Im »Melonenkernweitspucken« geht es nur darum, den kleinen schwarzen Kern so weit wie möglich aus der Mundhöhle zu katapultieren. Wer das geschafft hat, darf sich vor einem Wasserbecken hinknien, die Hände auf den Rücken legen und im trüben Wasser mit dem Mund nach Schweinefüßen schnappen. Aber Vorsicht, wer sich übergeben muss, wird disqualifiziert. Mmh, Schweinefüße mit Erbrochenem. Als Königsdisziplin dieser Olympiade der Landeier gilt das abschließende Schlammloch-Diving. Mit einem Bauchklatscher geht es in eine Kuhle voll Modder, wer am höchsten spritzt, ist der Champion und bekommt Gummistiefel aus Gold und darf ein Jahr lang gratis den Trecker des Nachbarn benutzen. Am Ende springt auch das Publikum in die Matschgrube, und alle suhlen sich grunzend im Schmutz. Wundert sich wirklich jemand ernsthaft, dass Donald Trump hier seine treuesten Anhänger hat?

Womit wir in Tillamook in Oregon wären. Keine 5.000 Einwohner, rund 92 Prozent der Bevölkerung sind weiß. Die perfekten Voraussetzungen für eine ebenfalls blamable und alles andere als tierfreundliche Sportart: das Pig 'n' Ford Race. Zu diesem Behufe schnappen sich erwachsene Männer ein Ferkel aus einem Stall, sprinten mit dem armen Viech unter dem Arm zu einem historischen Fordmobil, kurbeln den Motor an, springen ins Auto und heizen durch einen Parcours. Das Schweinchen darf dabei nicht losgelassen werden. Anschließend wird die Karre ausgemacht, das Tier zurück in den Stall geschmissen, ein neues Ferkel geschnappt,

und der »Spaß« beginnt von vorne. Drei Runden muss jeder Starter absolvieren, der schnellste gewinnt. Was die Schweine sich dabei denken spielt keine Rolle. Die Bauern in Tillamook sollten jeden Tag beten, dass die rosa Paarhufer nicht eines Tages die Weltherrschaft an sich reißen und sich rächen. Man stelle sich vor, ein ausgewachsener Eber stürmt in einen Kindergarten, schnappt sich ein Balg, rennt mit dem schreienden Kind im Maul im Schweinsgalopp durch die Botanik, lässt es wieder fallen und schnappt sich das nächste. Nur so zum Spaß. Da würde manch Farmer ziemlich blöde aus der Feinripp-Wäsche gucken.

Dann doch lieber eine Runde »Air Sex« spielen. Air was? Nun, Menschen, die so tun, als hätten sie eine Gitarre in der Hand, und die wildesten Verrenkungen zu den Soli und Riffs der großen Helden vollführen, gehören mittlerweile zum Alltag. In Japan hat sich eine Variante dieser Zeitverschwendung durchgesetzt, der »Air Sex«. Dabei müssen Männlein oder Weiblein in voller Bekleidung und ohne Partner vorspielen, wie sie das Subjekt ihrer feuchten Träume zum ersten Mal treffen, mit ihm oder ihr flirten und anschließend in den heimischen Gemächern, einem Hotel oder auf einem Parkplatz vernaschen. Je ekstatischer die Zuckungen und Schreie, desto besser. Vor allem auf Betriebsfeiern soll dieser »Sport« im Nippon-Land der letzte Schrei sein. Hoffentlich setzt sich das nicht auch bei uns durch. Man stelle sich vor, Abteilungsleiter Schulze (der mit dem nässenden Ekzem hinter dem Ohr) oder Frau Meier aus der Buchhaltung (die schon morgens um sieben nach Thunfisch müffelt wie ein ganzer Fischkutter) würden sich auf der Weihnachtsfeier nicht still in den Kopierraum verziehen, sondern ihre perversen Ideen (wenn auch bekleidet und unabhängig voneinander) vor der ganzen Belegschaft ausleben. Das sind doch Bilder, die niemand wieder loswird.

Um wie viel harmloser ist da doch das gute alte Shrovetide-Fußballspiel, das alljährlich am Faschingsdienstag und Aschermittwoch im rund 5.000 Bewohner fassenden Örtchen Ashbourne in

England ausgetragen wird. Das Kaff, in dem scheinbar überhaupt nichts los ist (nicht mal Wikipedia fällt irgendetwas dazu ein), wird seit jeher durch einen Fluss getrennt. Die Ober- und Unterstädter, so will es der gesunde Lokalpatriotismus (obwohl hier wahrscheinlich eh jeder mit jedem verwandt ist), sind sich spinnefeind. Um diese gegenseitige Abneigung auf zivilisierte Weise auszutragen, trifft sich der komplette Ort seit dem 12. Jahrhundert, um ein besonderes Fußballmatch auszutragen. Dazu wird ein Ball im Dorfmittelpunkt in die Menge geworfen, die beiden Mannschaften müssen die Kugel irgendwie ins gegnerische Tor bringen. Regeln? Es darf nicht über Privatbesitz gespielt werden, Friedhöfe und andere heilige Orte sind ebenso tabu. Außerdem darf der Ball nicht in Taschen versteckt oder mit einem motorisierten Fahrzeug transportiert werden. Was angesichts der Distanz von rund fünf Kilometern zwischen den beiden Toren durchaus angebracht wäre. Ach ja, wenn möglich sollte niemand getötet werden. Ansonsten ist so ziemlich alles erlaubt. Das Match wird an zwei Tagen über jeweils acht Stunden ausgetragen. Und ja, es gab schon diverse Spiele, die 0:0 ausgegangen sind. Keine Ahnung, ob es in Ashbourne ein Sanitätshaus gibt. Aber sollte es so sein, dürfte es an den Tagen nach Karneval rund um die Uhr geöffnet haben. Der Gott der Bänderrisse und Schürfwunden feiert.

Finnland ist so etwas wie die Heimat der blamablen Sportarten. Aufgrund der langen, dunklen Winter, ihrer seltsamen Sprache und der hohen Alkoholpreise bleibt den Nordlichtern offensichtlich nichts anderes übrig, als sich behämmerte Sportarten auszudenken. Die bereits erwähnte Luftgitarrenweltmeisterschaft hat ihren Ursprung ebenso hier wie der Gummistiefelweitwurf. Beides sind mittlerweile internationale Sportarten, die weltweit ausgetragen werden. Auch das Frauentragen (dabei nimmt Mann seine Angebetete auf die Schulter und trägt sie durch einen nassen und holprigen Parcours) setzt sich immer mehr durch. Übrigens auch in geschlechtlich umgekehrter Aufgabenverteilung. Der Clou dabei:

Der Gewinner oder die Gewinnerin erhält die Kilozahl seiner oder ihrer Last in Liter Bier ausgezahlt. Andere finnische Ideen konnten bisher noch nicht so viele Nachahmer finden. Der Handy-Weitwurf (wahrscheinlich in der Nähe von Nokia erfunden) hätte allerdings Potenzial. Um die Weltmeisterschaft im Preiselbeerenpflücken austragen zu können, müssen gewisse Voraussetzungen in der heimischen Flora vorliegen, der finnische Rekord liegt übrigens bei 27,98 Kilo in einer Stunde. Andere Ideen wurden aus tierschutzrechtlichen Gründen wieder verworfen, existierten allerdings eine Zeit lang wirklich. Zum Beispiel das Mückenklatschen, bei dem der gewann, der die meisten toten Insekten vorweisen konnte. Oder das Ameisenhaufensitzen auf Zeit. Natürlich mit nacktem Hinterteil. Auch der Melkschemel-Weitwurf konnte sich nicht durchsetzen. Wahrscheinlich, weil dieses Untensil selbst in den ländlichsten Regionen langsam ausstirbt.

In Australien hingegen war das »Menschenangeln« vor rund 100 Jahren populär. Einem austrainierten Schwimmer wurde ein Gurt umgelegt, an dem eine Angelschnur befestigt war. Der Schwimmer ging ins Wasser und schwamm so weit, bis die Schnur komplett ausgerollt war. Nun hatte der Angler an Land zehn Minuten Zeit, seinen Fang einzuholen. Gelang ihm das nicht, war der Schwimmer der Sieger. Eigentlich 'ne ganz witzige Idee. Weniger witzig waren Veranstaltungen, die in den USA zu Beginn des 20. Jahrhunderts veranstaltet wurden. Das Baby-Boxen hatte (gottlob) nur eine kurze Hochphase, wurde aber tatsächlich ausgetragen. Die »Kämpfer« waren ab drei Jahre alt und mussten mindestens 15 Kilo wiegen. Dann sollten sie sich gegenseitig die Zuckerschnute polieren. Wer zu Mama auf den Arm wollte oder gar am Daumen nuckelte, wurde wegen Memmenhaftigkeit disqualifiziert. Es existieren sogar Bilder von Kleinstkindern, die selbst nicht mal stehen können, aber mit verhältnismäßig großen Boxhandschuhen aufeinander eindreschen. Gehalten von ihren lachenden Vätern, die sich bei der Auseinandersetzung anscheinend prächtig amüsierten.

Na ja, Milchzähne sind eh nur temporäre Erscheinungen. Und so ein leichtes Schädel-Hirn-Trauma mit 20 Monaten hat auch noch niemandem geschadet. Nicht wenige der damaligen Teilnehmer/innen des Baby-Boxens haben später wahrscheinlich Karriere in Hollywood und/oder der Politik gemacht.

VON ÜBERFLÜSSIGEN HAUSSCHUHEN, VERSCHLUCKTEN DARTPFEILEN UND GRUBENLAMPEN: PEINLICHE AUSSETZER BEIM ARZT UND IM KRANKENHAUS

Krankenhäuser gelten gemeinhin nicht gerade als Horte der guten Laune. Warum auch, die meisten Leute hier sind nicht gesund, es riecht unangenehm nach Desinfektionsmittel und mehrmals aufgewärmtem Blumenkohl, und die Weißkittel, die hier mit wichtigem Gesichtsausdruck über die Flure flanieren, heben die Stimmung auch nicht gerade. Alle wirken irgendwie angespannt und missmutig, ein perfektes Umfeld also für Peinlichkeiten und Blamagen, sowohl von Patienten als auch vom Personal initiiert.

Beginnen wir mit den Patienten, die sich in der Regel nicht freiwillig im Krankenhaus befinden und dementsprechend durch den Wind sind, wenn sie zur Voruntersuchung in einen Raum voll piepsender Geräte geführt werden. Eine sehr übergewichtige Frau soll dabei mal besonders unangenehm aufgefallen sein. Als der Arzt sie bat, sich oben herum frei zu machen, zögerte sie erst, ließ die E-Körbchen aber schließlich doch fallen. Der Arzt musste nacheinander die Brüste anheben, unter jeder fiel eine Scheibe Weißbrot heraus. Auf den fragenden Blick des Arztes hin antwortete die Dame mit puterrotem Gesicht, dass sie so versuche, die Schweißflecken im Sommer im Zaum zu halten.

Andere Patienten wollten nicht ins Krankenhaus, sondern auf den Friedhof, stellten sich dabei aber zu dusselig an. In den USA wurde ein Mann mit starken Bauchschmerzen eingeliefert, er gab an, dass er einen Suizidversuch unternommen habe. Im Magen des Herrn fanden sich aber keine Tabletten oder andere Gifte, sondern sieben Pistolenkugeln. Irgendjemand hätte ihm sagen sollen, dass man die Dinger nicht oral einnimmt. Wie auch der jugendliche Patient mit Herzrhythmusstörungen darauf hätte hingewiesen werden müssen, dass dieser komische Apparat, an den er da angeschlossen ist, seine Herzfrequenz misst. Und die wird automatisch schneller, wenn man sich mit der Hingabe eines Spitzensportlers einen von der Palme wedelt. Das Gerät gab eine Warnung ab, woraufhin Arzt und Schwestern ins Zimmer stürmten. Da saß der Kollege nun, mit seinem besten Stück in der Hand. Wahrscheinlich wird er in diesem Moment nicht an sein Herz gedacht haben.

Die Computertomografie gehört für viele Menschen zu den unangenehmsten Erfahrungen überhaupt. Es ist eng, dunkel und laut. Manche Patienten entwickeln sogar eine regelrechte Panik vor diesem Ungetüm. Eine Freundin sollte sich in die »Röhre« begeben und hatte dermaßen Angst, dass sie die Hand einer Schwester ergriff. Die versuchte sie zu beruhigen, in dem sie ihr die Funktionsweise des Apparates erklärte, indem sie meinte, meine Freundin müsse sich einfach vorstellen, dass ihr Körper in unzählige, hauchdünne Scheiben geschnitten wird. Wir sind dann auf ein Bier in die Stadt gefahren. CT wird auch überbewertet.

Peinlich wird es auch immer dann, wenn die Schwester oder der Pfleger sich scheinbar sehr konzentriert mit einem Patienten über dessen Leiden unterhalten und schon im nächsten Moment offenbaren, dass sie mit den Gedanken ganz woanders waren. Der Klassiker ist die Frage an einen blinden Patienten, ob er denn ein Buch aus der Bücherei möchte. Oder der Patient lässt die neue Stationsschwester erst mal eine halbe Stunde auf dem Boden rumkrabbeln, um sie nach dem zweiten Hausschuh suchen zu lassen, bis er mit einem zahnlosen Grinsen erklärt, dass er nur noch ein Bein hat.

Aber das sind natürlich alles Kleinigkeiten gegen die Peinlichkeiten, die sich Ärzte erlauben. Die amputieren in schöner Regelmäßigkeit den falschen Arm oder das falsche Bein. Da ist es dann mit einem »Hups, Sie meinten dieses links« nicht mehr getan. Auch werden immer wieder Gegenstände im Körper des Patienten vergessen. Und das obwohl mittlerweile zumeist eine sogenannte Zählschwester am Start ist, die jeden einzelnen Tupfer notiert. Wenn die Frau allerdings nicht zählen kann, hilft das auch nichts mehr. Purer Augenschein hätte bei einem Chinesen namens Liu-Mou, der 30 Jahre lang mit einer Schere im Bauch lebte, geholfen. Erst 2011 wurde sie bei einer Röntgenaufnahme entdeckt, die Magen-OP lag da schon drei Jahrzehnte zurück. Auf die Frage, ob er denn keine Schmerzen gehabt habe, antwortete der Senior, dass es schon ab und an gezwickt hätte. Aber er dachte, es sei ein Magengeschwür. Da kann sich ein deutscher Rentner noch glücklich schätzen, bei ihm wurde »nur« ein abgebrochener Bohrer in der Schulter vergessen. Wie kommen solche Menschen eigentlich durch den Security-Check am Flughafen? Andere wiederum verschlucken einfach Gegenstände des Alltags und vergessen den Vorgang einfach. Was man geraucht haben muss, um zu vergessen, dass man gerade einen Kugelschreiber, einen Dartpfeil oder einen Socken verschluckt hat, würde wahrscheinlich nicht nur mich interessieren. Aber all diese Dinge holten Ärzte in den USA aus ihren Patienten. Auch Nasen sind scheinbar ein beliebter Ort, um Dinge zwischenzulagern. Ob Feuchttücher (noch ansatzweise zu erklären), eine Plastikschlange oder eine Handvoll Kiesel aus einem Aquarium, meist wissen die Patienten selbst nicht, wie diese Dinge in ihren Körper kamen. Wer allerdings einen unaufgeblasenen Luftballon, eine Schachfigur oder ein Radiergummi im Ohr stecken hat, darf sich nicht wundern, wenn sich das Fachpersonal ein Grinsen nicht verkneifen kann.

Noch viel interessanter wird es natürlich unten rum. Die Frage, wie ein Puppenschuh, eine Murmel oder die Schnalle einer Sandale in die Harnröhre gelangt, wollen wir vielleicht gar nicht wissen. Auch was ein USB-Adapter, sechs Schrauben oder eine Packung Zigaretten samt Feuerzeug in einer Vagina verloren haben, soll hier nicht interessieren. Denn die wahren Blamage-Helden der Notaufnahme sind die Rektalpatienten. Deko-Kürbisse, Gardinenstangen,

Eieruhren, Eispickel, Kegel (Originalgröße) oder Salzstreuer? Wurde alles schon im Hinterausgang lebender Menschen gefunden. Ob die jemals wieder in dieses Krankenhaus gehen oder noch am Abend der »Bergung« in eine Stadt ziehen? Egal, der Tagesgewinner kommt auch aus den USA und ist ein männlicher Teenager, dem ein Team von Fachleuten eine eingeschaltete Taschenlampe aus dem verlängerten Darm ziehen durfte. Bestimmt auch nicht besonders angenehm, aber zumindest hat der junge Mann mitgedacht. Denn die Ärzte konnten das Objekt in der dunklen Höhle problemlos orten.

VON SCHOCKIERTEN BANKANGESTELLTEN, SINGENDEN NACKTNONNEN UND TÖCHTERN MIT MUTTERKOMPLEX: DIE PEINLICHSTEN ENTBLÖSSUNGEN VON PROMINENTEN UND SOLCHEN MENSCHEN, DIE SICH DAFÜR HALTEN

Wenn die Karriere ins Stocken gerät, gibt es für den Durchschnittspromi eigentlich nur eine Möglichkeit: Ein Skandal muss her, einer mit Knalleffekt. Wer nicht mehr ganz so herzeigbar ist, gibt ein Interview, möglichst mit politischen Inhalten. Die müssen aber so abstrus sein, dass selbst der nordkoreanische Hamsterhalbgott Kim Jong-un vor Schreck in Deckung geht. Sex- und Drogenbeichten funktionieren zur Not auch. Aber da die Öffentlichkeit in dieser Hinsicht schon so ziemlich jeden Schund über sich hat ergehen lassen, muss in diesem Fall schon ein richtiger Brocken kommen. Trisexuelle Mega-Orgie im Kanzleramt auf Crystal Meth oder so.

Die US-Schauspielerin Roseanne Barr verzichtete freundlicherweise darauf, sich nackig zu machen, sie setzte lieber den einen oder anderen rassistischen Tweet ab, in dem sie unter anderem verschiedene farbige Frauen aus dem Umfeld der Demokraten als »Affen« bezeichnete. Damit schoss sie ein wenig über das Ziel hinaus, sie schaffte es zwar mal wieder in die Schlagzeilen, wurde zeitgleich aber auch arbeitslos. Das kann denen, die auf Busenblitzer und Poparade setzen, auch passieren, die Chancen sind allerdings deutlich geringer. Denn am Ende war immer der Schneider schuld, Nippel, Gesäß oder andere pikante Details rutschten ganz zufällig in das Blickfeld der Kameras. Ob der Akt als solcher oder die Reaktionen darauf peinlicher sind, darf am Ende allerdings jeder selbst entscheiden.

Der vielleicht meistbeachtete Skandal in dieser Hinsicht war »Nipplegate«, das 2004 in der Halbzeitpause des Superbowls stattfand. Justin Timberlake und Janet Jackson wurden von MTV als Unterhaltungsprogramm präsentiert, hauchten den Song *Rock Your Body* ins Mikro und umtänzelten sich wie zwei läufige Cocker Spaniel. Diese Tatsache hätte noch keinem echten Redneck die Bierdose aus der Hand fallen lassen. Aber als Milchbart Justin seiner 15 Jahre ältere Duettpartnerin wie abgesprochen einen Teil ihrer Korsage vom Leib riss, hing plötzlich der BH mit dran und Janets rechter Mops an der frischen Luft. Im immer noch puritanisch geprägten Nordamerika fielen fromme Menschen vor dem Bildschirm in Ohnmacht, andere riefen hektisch nach einem Exorzisten oder versenkten die Glotze gleich in der hauseigenen Badewanne. So ein Teufelszeug. Die beiden Künstler entschuldigten sich umgehend, konnten die Katastrophe aber nicht mehr abwenden. Auf den zuständigen TV-Sender brach eine Beschwerdewelle herein, die biblische Ausmaße besaß. Die National Football League, deren Finale plötzlich zur Nebensache verkommen war, spuckte Gift und Galle, mehrere Aufsichtsbehörden drohten mit saftigen Bußgeldern, die sich am Ende in einem Vergleich auf 3,5 Millionen Dollar belaufen sollten. Die damals 47 Jahre alte Bankangestellte Terri Carlin aus Knoxville, Tennessee bekam auch noch ihre 15 Minuten Ruhm ab, da sie »im Namen aller Amerikaner« eine Klage einreichte und mehrere Milliarden Dollar Schadensersatz forderte. Schließlich sei anständigen Bürgern durch den Anblick der gepiercten Sängerinnenbrust großer Schaden entstanden. Zuschauer hätten sich geärgert, wären geschockt, fühlten sich peinlich berührt und könnten schwere Folgen davontragen. Die Klage wurde später wieder zurückgezogen. Vielleicht hatte Frau Carlin beim morgendlichen Blick in den Spiegel festgestellt, dass sie selbst zwei Brüste besitzt.

Als direkte Folge von Nipplegate werden in den USA Großveranstaltungen seitdem nur noch mit einer Zeitverzögerung von rund fünf Sekunden übertragen. Sollte sich irgendwo ein dreistes Körperteil Luft verschaffen wollen, ein Zensor hat den Finger am Knopf und kann schnell genug einen Zeichentrickfilm (*Family Guy* oder so) einspielen. Der Karriere von Jackson schadete der Auftritt nicht, ganz im Gegenteil. Obwohl einige konservative Sender sie auf die schwarze Liste setzten, wurde ihr nächstes Album *Danita Jo* eines ihrer erfolgreichsten, verkaufte sich über drei Millionen Mal, wurde mit Platin und einem Grammy ausgezeichnet. Böse Zungen (gepierct und ungepierct) behaupten, Jackson hätte vor »Nipplegate« zudem einen Deal mit einem Schmuckhersteller abgeschlossen. Die Nachfrage nach ihrem speziellen Piercing ging in den darauffolgenden Monaten jedenfalls massiv in die Höhe.

In Deutschland fallen solche Geschichten gewohnheitsgemäß ein paar Nummern kleiner aus, funktionieren aber nach einem ähnlichen Prinzip. So wie bei Antje Mönning, einer Schauspielerin aus Münster, deren Name wirklich nur Experten des verschnarchten Vorabendprogramms etwas sagte. Das änderte sich im Sommer 2018, als besagte Schauspielerin auf einem Rastplatz einen recht ungelenk wirkenden Tanz hinlegte, inklusive der Präsentation ihrer Möpse und des unmöblierten Untergeschosses. Die Zuschauer, ein Lkw-Fahrer und zwei Zivilpolizisten, waren so mittel begeistert. Es folgte eine Vorladung der 40-Jährigen, die nicht glauben konnte, dass es eine Straftat sein soll, wenn eine Frau ihren Körper nackt zeigt. Ist es natürlich, denn wo kämen wir hin, wenn jede Dame ungefragt ihre Klamotten fallen lassen würde? Im Supermarkt? In der Straßenbahn? Im Restaurant? Von den Männern, die mit ihrem besten Stück in der Hand durch den Park marschieren, gar nicht zu reden. Der Prozess sorgte für Aufsehen, Mönning nutzte die Bühne, um sich ein bisschen aufzuspielen (unter anderem weigerte sie sich, auf ihrem Stuhl Platz zu nehmen), und ging mit einer Geldbuße über 300 Euro wegen vorsätzlicher Belästigung der Allgemeinheit nach Hause, wogegen sie allerdings Revision einlegte. Ihre Begründung: Wir sind alle nackt geboren, sollen wir deshalb

Gott verklagen? Boah, was für ein juristisch überlegtes und zudem durch und durch logisches Statement.

Doch egal wie die Geschichte ausgeht, die paar Flocken wegen einer Ordnungswidrigkeit sollte sie schnell wieder drin haben. Denn nach der Verhandlung setzte sie sich erst vor die Kameras von RTL II, in der *Bild*, dem Fachmagazin für nackte Mädchen und Frauen, wurde ein Akt-Shooting mit der zeigefreudigen Dame verlost. Als Höhepunkt veröffentlichte die ehemalige TV-Nonne im Dezember 2018 unter dem, nun ja, Künstlernamen Schwester Antje ein Album mit dem Titel *Ausgezogen*. Die vorab veröffentlich Single *Nonnen Räp* mit Zeilen wie »Zeigt her eure Brüste, zeigt her eure Mu« lässt jedoch darauf schließen, dass eine Grammy-Auszeichnung ziemlich unwahrscheinlich sein dürfte. Hier wird die Fremdschämskala mit Anlauf gesprengt.

Schnell wieder zurück zu den Amis, genauer gesagt zu Madonnas Tochter Lourdes Leon, die erstaunlicherweise eher aussieht wie Lady Gaga. Die kleine Göre ist nun auch schon in ihren Zwanzigern und hat das Problem, nicht aus dem Schatten ihrer übermächtigen Mutter treten zu können. Nicht, dass Lourdes bisher groß etwas geleistet hätte. Aber sie wird halt zu diversen Promipartys eingeladen und muss dort über den roten Teppich staksen. Wahrscheinlich hört sie das Getuschel der Umstehenden, die sich fragen, wer sie eigentlich ist. Um davon abzulenken, setzt Frau Leon konsequent auf verrutschte Kleider und BHs, damit wenigstens ihre Brüste glänzen können. Ob sich dieses Konzept bis zur Rente durchziehen lässt? Vielleicht sollte sie doch was Anständiges lernen. Ana Braga aus Brasilien hingegen hat eine Karriere als Modell gemacht (in erster Linie mit Hasenöhrchen auf dem Kopf), geht mittlerweile aber auf die 40 zu und muss sich für die zweite Lebenshälfte etwas einfallen lassen. Bisher scheint der in den USA lebenden Schönheit nicht viel durch den Kopf zu gehen, in erster Linie fällt sie dadurch auf, dass sie in komplett durchsichtigen Blusen zum Einkaufen trabt oder tanken fährt. Die *Bild* bekam sich dank der »erotischen« Bilder

gar nicht mehr ein und machte Braga zur »Nackten von der Tanke«.
Manch Anwohner des Modells hat sich ein neues Fernglas besorgt,
andere Nachbarn sehen die tägliche Peepshow eher mit gemischten
Gefühlen. Die Polizei von Nevada überlegt angeblich noch, wie mit
der Dame in Zukunft zu verfahren sei.

Die Schauspielerin Alicia Arden ist knappe 50, Rollen wie in
Baywatch oder *American Nudist* (ja, eine gewisse Tendenz ist er-
kennbar) werden seltener. Deshalb hat sie es sich anscheinend zur
Aufgabe gemacht, im Alltag etwas aufzufallen, um wenigstens noch
in den Lokalteil der Zeitung zu rutschen. Egal, ob sie im Mikro-
Bikini durch die Shopping Mall schlurft, sich im Auto bei geöffne-
ter Tür komplett umzieht (aber schön warten, bis auch mindestens
ein Fotograf da ist) oder sich bei Starbucks völlig unmotiviert den
Rock unter die Rippen krempelt und der staunenden Kundschaft
ungefragt ihren beigen Oma-Schlüpper präsentiert, Aufmerksam-

keit ist alles. Es dürfte nur noch eine Frage der Zeit sein, bis Frau Arden mal von einem Amtsarzt untersucht werden wird. Dort trifft sie im Wartezimmer vielleicht Lady Gaga, den kompletten Kardashian-Clan, Mariah Carey, Britney Spears, Naomi Campbell, Rita Ora, Miley Cyrus und viele weitere bekannte Frauen, die einfach mal gerne halb nackt zu McDonald's oder zu einer Beerdigung fahren, weil sie es nicht einen Tag lang ohne bewundernde Blicke und eigene Schlagzeile aushalten.

Männer sind in dieser Hinsicht nicht unbedingt anders gestrickt, handeln aber irgendwie anders. Als der US-Schauspieler Nick Nolte 2003 in Vergessenheit zu geraten drohte, ging er einfach mit einer Papiertüte auf dem Kopf in den Supermarkt. Sah nicht sexy aus, aber irgendwie gruselig und reichte für ein paar Schlagzeilen. Andere Männer lancieren ein Sex-Tape im Internet, aber auch die reißen es heute irgendwie nicht mehr raus. Vielleicht liegt es einfach daran, dass der weibliche Körper über und unter dem Strich anatomisch schöner gebaut ist. Denn seien wir mal ehrlich: Kein Mensch würde gerne hinschauen, wenn ein abgelegter Bachelor oder ein halb vergessener Schlagersänger mit einem heraushängenden Testikel durch die Gegend marschiert. Völlig egal, ob das auf dem roten Teppich oder bei Karstadt passiert.

VON VÄTERN DES WUNSCHES, ONE-BOAT-SITTERN UND VERHINDERTEN FRAUENÄRZTEN: NOCH MEHR BLAMABLE POLITIKERSÄTZE

Och nö, Politiker hatten wir doch schon, höre ich da den entsetzten Aufschrei der verehrten Leserschaft. Es tut mir auch leid, aber diese Spezies ist dermaßen auf Blamagen und Peinlichkeiten abonniert, dass ein zweiter Durchgang als dringend notwendig, ja zwingend erachtet wird. Dieses Mal wollen wir uns allerdings auf unsere inländischen Volksvertreter konzentrieren.

Ein Meister seines Faches und hundertfach persifliert ist Edmund »Ede« Stoiber, dessen Lebensstern im Jahr 1941 aufging und uns seitdem mit jeder Menge alberner Zitate zum Lachen bringt. Dieser Vollblutpolitiker und Jurist, der seine Frau Karin in aller Öffentlichkeit »Muschi« nennt und sich darüber wundert, dass andere Menschen zu kichern anfangen, ging mit seiner Transrapidrede im Jahr 2002 endgültig in den Comedy-Olymp ein. Was war das nicht für ein herrliches Gestammel damals beim Neujahrsempfang der CSU in München. »Wenn Sie vom Hauptbahnhof in München … mit zehn Minuten, ohne, dass Sie am Flughafen noch einchecken müssen, dann starten Sie im Grunde genommen am Flughafen … am … am Hauptbahnhof in München starten Sie Ihren Flug. Zehn Minuten. Schauen Sie sich mal die großen Flughäfen an, wenn Sie in Heathrow in London oder sonst wo, meine sehr … äh, Charles de Gaulle in Frankreich oder in … in … in Rom.« Ja, so ging es damals los und war noch lange nicht fertig. Aus dem Gesamtwerk wurden Lieder gemacht, es gab ein Hörbuch und diverse künstlerische Verfremdungen. Aber es war längst nicht alles, was Ede so an peinlichen Statements in Mikrofone und Kameras sabbelte. Nach den ersten Hochrechnungen im Wahljahr 2002 verkündete er zum

Beispiel, er wolle jetzt noch kein Glas Champagner öffnen, sondern lieber die Hochrechnungen abwarten. Da war vielleicht schon die eine oder andere Flasche offen. 2005 gab er im Wahlkampf einen seltenen Einblick in sein Inneres. Der Satz »Ich mache nicht nur leere Versprechungen, ich halte mich auch daran« gehört zu den ehrlichsten Statements, die wir je von einem deutschen Politiker gehört haben. Vor Vertretern der Kirche bemängelte der Ziehsohn von Franz Josef Strauß, dass es keine heilen Familien mehr in Fernsehsendungen gäbe. Er korrigierte sich kurz darauf, indem er ohne einen Anflug von Humor die Simpsons von dieser Einschätzung ausnahm. Hm, der Vater ein geistig limitierter Trunkenbold, die Mutter eine Meisterin der Verdrängung, der Sohn ein ungezogenes Früchtchen, und Opa sitzt abgeschoben im Altersheim. So sieht in Bayern also eine heile Familie aus. Die fabriziert dann wahrscheinlich auf Formulierungen wie »gludernde Lot«, »gludernde

Flut« oder »lodernde Flut«. Diese drei Neuschöpfungen verbriet der Sprachenerfinder Stoiber übrigens in nur zwei Sätzen. Auch ist er es, unser Super-Ede, der jeden Morgen in seinen Garten hinausschaut und vielleicht eine Blume hinrichtet. Vielleicht doch besser, dass er niemals Kanzler wurde. Seine Kandidatur für das Amt lässt sich dann doch am besten mit einem seiner eigenen Zitate zusammenfassen: »Der Vater des Wunsches ist hier der Gedankengang.« Boah, und jetzt ist mir schwindelig.

Doch es wird ja nicht besser, Schwabens Antwort auf den weißköpfigen Sprachautomaten hört auf den Namen Günther Oettinger. Und der gibt sich seit Jahren alle Mühe, zu seinem großen Vorbild aufzuschließen. Der ehemalige Ministerpräsident von Baden-Württemberg glänzte zum Beispiel mit dem Satz »Ich bin nicht glücklich, aber happy«, was die Umstehenden aus seiner Partei kein bisschen verwirrte. Die hatten schon lange gehört, bei Oettinger-Reden nicht so genau hinzuhören. Denn was man da zu hören bekommt, ergibt in den seltensten Fällen Sinn. Oder wie ist die Forderung, er fordere ein »virtuelles und digitales Sachenrecht, das auch für Daten gilt« zu verstehen? Eben, überhaupt nicht, weil der Satz überhaupt keinen Sinn ergibt. Was einen EU-Kommissar für die Digitale Gesellschaft und Wirtschaft aber nicht schreckt. Wichtig ist nur, ein paar Schlagwörter in einen grammatikalisch halbwegs vernünftigen Satz zu packen und dabei wichtig zu gucken. Die Fassade bröckelt natürlich, wenn besagter EU-Kommissar vor aller Welt behauptet, Deutschland würde in Sachen Netzabdeckung und so weltweit im vorderen Mittelfeld liegen. Genau, Albanien, Rumänien und all die anderen Technikgiganten, die deutlich vor uns liegen, bilden die Spitze. Der Mann war definitiv noch nie in Skandinavien unterwegs. Muss er allerdings auch gar nicht, denn er hat noch ein paar Hausaufgaben zu erledigen. Zum Beispiel zeigte er sich im Jahr 2016 überrascht davon, dass Menschen Suchmaschinen im Internet benutzen und darüber auf Webseiten gelangen. War ihm vorher nicht bewusst. Aber woher soll er das auch wissen? Schließlich ist Günther O. auch der festen Überzeugung, dass der 2007 verstorbene Hans Filbinger ein Gegner des Naziregimes gewesen sei. Gut, Filbinger, der später Ministerpräsident von Baden-Württemberg wurde, hatte als Marinerichter noch 1945 deutsche Soldaten und Deserteure zum Tode verurteilt, aber das war damals halt 'ne andere Zeit. Und was juckt den Oettinger sein Dialekt-behaftetes Geschwafel von gestern? Mittlerweile ist er längst ein anerkannter EU-Politiker, auch dank seiner immensen Fremdsprachenkenntnisse. Bei einer Konferenz der New Yorker Columbia-Universität gab er den Amis Folgendes mit auf den Weg: »In my homeland Baden-Württemberg we are all sitting in one boat.« Genau, das können sich diese blöden Schlitzaugen ruhig mal hinter die Löffel schreiben. Ach ne, Schlitzaugen waren ja die Asiaten, die er in einer Rede in Hamburg als solche betitelte. Später erklärte er der staunenden deutschen Presse, dass diese Formulierung ja nicht respektlos gemeint gewesen sei. Viel sicherer fühlt sich Oetti, wie ihn Freunde nennen dürfen, sowieso in seiner Heimat, in irgendeinem kleinen Kaff bei irgendeiner kleinen Feier. Zum Beispiel in Rottenburg, wo der örtliche Bürgermeister seinen 50. Geburtstag feierte und sich mit einem echten Promi schmücken konnte. Oettinger schaltete auch gleich in den Gemütlich-Modus und meinte mit Blick auf die Gästeschar: »Wenn Klaus Tappeser nicht Oberbürgermeister geworden wäre, wäre er sicher auch ein glänzender Frauenarzt geworden bei den vielen Verehrerinnen, die hier sind.« Das, meine Damen und Herren, ist Grandesse, das ist Stil, das ist charmant und weltmännisch. Oder um es mit den Worten der CDU-Politikerin Gitta Connemann zu sagen: »Wir leben alle unter demselben Himmel, aber wir haben nicht alle denselben Horizont.«

VON KOLUMBIANISCHEN REGENGÜSSEN, STECHSCHRITTEN AUF KONFERENZTISCHEN UND TOTEN GROSSKATZEN – DIE PEINLICHSTEN MOMENTE DER ROCKSTARS

Nicht wenige Leserinnen und Leser werden sich in diesem Kapitel wundern, warum es einen eigenen Text über die peinlichsten Momente von Rockstars gibt. Ein Gutteil der Bevölkerung hält diese schwerreichen Musiker und Sänger sowieso für komplett durchgeknallt und damit per se für peinlich. Das mag in dem einen oder anderen Fall sogar stimmen, aber deshalb muss es trotzdem erlaubt sein, die schönsten und skurrilsten Momente noch einmal aufzugreifen. Schließlich gehört der Rockstar als solcher zu einer aussterbenden Art. Dank Raubkopierern, dem Internet insgesamt, der Fitnesswelle, dem veränderten Musikgeschmack der Massen, dem Klimawandel und anderer Faktoren steht der von Drogen umnebelte, Groupies vernaschende und sich mit Haarspray ins Nirwana frisierende Rockstar vor dem Aus. Die wenigen, die heute noch leben, sind Brontosaurier, die sich in der modernen Welt einfach nicht mehr zurechtfinden und in absehbarer Zeit einfach final aus den Latschen kippen. Wer heute das Wort »Rockstar« in eine Suchmaschine eingibt, wird zuerst zu Videospielfirmen und Erfrischungsgetränken geleitet. Es ist ein Trauerspiel. Blamable Eskapaden, wie sie nun im folgenden Text veranschaulicht werden, wird es in absehbarer Zeit nur noch von irgendwelchen halbgaren Rappern und Soap-Stars geben. Aber das hat natürlich nicht den gleichen Charme.

In den goldenen 70er- und 80er-Jahren gab es sie noch wie Schnee im Backstage-Raum, die langhaarigen, verwegenen und allen Gesetzen trotzenden Superrocker. Für sie galt nichts, was für normale Menschen galt. Und gerade deshalb machten sie sich auch gerne mal zum Honk, ohne dass es sie groß interessiert hätte. Ein bisschen so wie Joko und Klaas, nur eben mit echten Männern und mehr oder minder guter Musik. Eines dieser Exemplare war und ist Axl W. Rose, Frontmann von Guns N' Roses, und ab Ende der 80er-Jahre ein Dauergast in den Schlagzeilen des Boulevard. Vielleicht lag es daran, dass Axl und seine Band ziemlich spät ins Geschäft einstiegen und die wirklich coolen Nummern von Deep Purple, Led Zeppelin und Co. schon längst durchgezogen worden waren. Auto im Pool versenkt, Privatflugzeug in einen Puff verwandelt, Fernseher durch die Gegend geworfen usw. Aber der rothaarige Schreihals versuchte verzweifelt, immer noch einen draufzusetzen. Er saß mehrmals wegen Pöbeleien im Knast, sein Drogenkonsum und die damit einhergehenden Stimmungsschwankungen waren legendär. Am 2. Juli 1991 toppte er sich allerdings noch einmal selber, indem er kurz nach Beginn eines Konzertes in Maryland Heights, St. Louis einen Fan mit Fotoapparat entdeckte. Wenn er gewusst hätte, was die Smartphones einige Jahre später für Aufnahmen machen können, wäre er vielleicht ruhiger geblieben. Wusste er 1991 aber nicht, der dürre Sänger sah sich in seinen Persönlichkeitsrechten verletzt, hüpfte in die ersten Reihen des Riverport Amphitheatre und lieferte sich eine handfeste Schlägerei mit dem Hobbyfotografen und einigen Umstehenden. Tatsächlich eroberte er die Kamera, schwang sich wieder auf die Bühne und beschimpfte über das Mikrofon erst die Sicherheitsmannschaft, dann das Publikum und erklärte feierlich, er würde nun nach Hause gehen. Das tat der Mann mit der karottenfarbenen Haarpracht auch, was die mehreren Zehntausend Fans nicht gut fanden und damit begannen, erst die Lokalität und später Teile der Innenstadt auseinanderzunehmen. Das Ereignis ging als »Riverport Riots« in die US-Geschichte ein, ein Jahr später stand Rose vor Gericht, da er als Initiator der Ausschreitungen angezeigt worden war. Er wurde freigesprochen und lernte aus der Sache. Zumindest ein bisschen. Kurz darauf hüpfte er wieder in einen Mob, um sich zu prügeln, dieses Mal erwischte es aber seine eigene Security-Truppe, die sich angeblich nicht korrekt verhalten hatte. Ein paar Monate später brach »Uns Axl« ein Konzert in Bogotá ab, weil es zu regnen begann. Erst forderte er von seiner Crew einen Regenschirm ein, dann verschwand er, kehrte aber irgendwann zurück und spielte das Konzert ordnungsgemäß zu Ende. Später gab er in einem Interview an, es sei gar nicht der kolumbianische Regen gewesen, der ihn aus dem Konzept gebracht habe. Beim Spielen seiner Ballade *November Rain* (welch Ironie) haben ihn einfach die Gefühle übermannt, und er brauchte eine Pause. Sind Rockstars am Ende etwa auch nur Menschen?

Ozzy Osbourne, legendärer Frontmann von Black Sabbath und Solokünstler aus der Hölle, ist definitiv ein Mensch, was spätestens seit seiner erfolgreichen Dokusoap *The Osbournes* nicht mehr zu leugnen ist. Darin tapert Ozzy bekanntermaßen wie ein frisch ausgewildertes Pandabärenbaby durch seine Villen, fällt besoffen vom Stuhl und scheitert an jedem noch so simplen technischen Gerät, das sich in der Nähe befindet. Die Serie startete 2002, da war Ozzys Peinlichkeitsregister allerdings schon so lang wie der Ärmelkanal. 1980 biss er bei Verhandlungen mit der Plattenfirma angeblich einer Taube den Kopf ab und spuckte ihn einer Firmenvertreterin in den Schoß. 1981 besuchte er Vertreter seiner Plattenfirma in Deutschland, sprang während des Gesprächs unvermittelt auf den Tisch, marschierte im Stechschritt über selbigen, entledigte sich seiner Hose, tauchte seine Testikel in das Weinglas des Firmenbosses und urinierte schließlich auf den Tisch. 1982 schlugen die Zähne des Bösen erneut zu, bei einem Konzert in Des Moines, Iowa war dieses Mal eine lebende Fledermaus fällig. Im gleichen Jahr urinierte Ozzy in Texas gegen das Heldendenkmal von Alamo, dabei trug er das Hochzeitskleid seiner zukünftigen Frau Sharon. Die Aktion endete im Knast. 1984 wurde er von Eltern eines Teenagers vor Gericht gezogen. Der Junge hat sich das Leben genommen und dabei den

Ozzy-Song *Suicide Solution* gehört. Das Stück handelt von Alkohol-missbrauch (vor allem Ozzys eigenem), der »Prinz der Dunkelheit« wurde freigesprochen, eine zweite Familie scheiterte mit dem gleichen Ansinnen im Jahr 1991. 1989 wanderte Osbourne (mal wieder) in den Knast, im Drogenrausch hatte er versucht, seine Ehefrau und Managerin Sharon zu erwürgen, was allerdings misslang. Langjährige Wegbegleiter berichten davon, dass Ozzy im Rausch immer wieder Freunde und Kollegen angriff, er wurde mehrfach wegen ungebührlichen Betragens in der Öffentlichkeit eingebuchtet. Und das ist nur die Spitze des Eisberges, die sich dieser Mann im Laufe seines Lebens erlaubt hat. Meistens weiß dieses wandelnde Chaos nicht mal, wo es sich befindet. Im Rahmen eines Konzert-mitschnitts ist zu sehen, wie ein Roadie Ozzy zur Bühne begleitet. Das Intro läuft schon, als Ozzy sein Crewmitglied fragt, wo sie sich heute befinden. Der Roadie antwortet: »Mailand«. Ozzy glotzt wie eine Promenadenmischung, der man die Infinitesimalrechnung beibringen will. »Italien« fügt der Roadie an. Ozzy schüttelt energisch den Kopf. »Keine Länder, nur Kontinente.« Und trotzdem haben ihn irgendwie alle lieb, er gehört zum westlichen Kultur-erbe wie Kermit der Frosch oder Coca-Cola. Einen Besuch bei den Schwiegereltern würde man mit diesem wandelnden Chaosbruder trotzdem lieber vermeiden. Wer weiß schon, wo er seine Testikel beim nächsten Mal wäscht?

Ebenfalls ganz oben auf dem Peinlichkeitsolymp haben sich Mötley Crüe verewigt. Der bunte Haufen, der sich 1980 zusammen-fand, lebte das Rockstar-Klischee aus wie kaum eine zweite Combo. Allein Frontmann Vince Neil müsste Gesetzestexte besser kennen als seine eigenen Songs. 1984 verursachte er betrunken einen Un-fall, bei dem sein Beifahrer, der Hanoi Rock-Schlagzeuger Razzle, ums Leben kam. Die Insassen eines weiteren Autos, das Neil mit seinem Sportwagen von der Straße schoss, erlitten schwere Hirn-verletzungen. Neil flüchtete vom Tatort, wurde später gefasst und zu einer kleinen Gefängnisstrafe und einer sehr hohen Geldbuße verknackt. In den folgenden Jahren genoss er Alkohol und Drogen lieber abseits der Öffentlichkeit, bis er 2002 einen Vertreter seiner Plattenfirma auf einem Parkplatz verprügelte. Dies bildete den Auftakt zu einer ganzen Latte von Vergehen in den nächsten Jahren. Mal schlug er eine Prostituierte, dann griff er einen Fan an, der ihn fotografiert hatte, oder bedrohte Ex-Freundinnen. Dazu kamen diverse Vergehen wegen Fahrens unter Alkohol- und Drogeneinfluss. Der Sänger pendelte ständig zwischen Knast und Freiheit, bis er sich vor einigen Jahren wieder beruhigte. Ganz rund läuft der Kollege aber offensichtlich immer noch nicht. Vor wenigen Jahren tauchte ein Video auf, das Neil beim Essen mit seinem Kumpel, dem Schauspieler Nicholas Cage, in Beverly Hills zeigt. Cage wird nach einem Autogramm gefragt, die Dame erkennt den Herrn Rockstar an seiner Seite aber nicht, was Vince zu einer wahren Beschimpfungsarie veranlasst, bevor schließlich ein Cop eingreifen muss.

Neils Schlagzeuger Tommy Lee steht dem nur wenig nach, allein während seiner Ehe mit der »Schauspielerin« Pamela Anderson war die Polizei Dauergast im Haus der beiden. Wie Neil neigt auch Lee zu Gewalttätigkeiten, im Falle von Lee auffällig häufig gegen farbige oder jüdische Mitmenschen. Ein gedrehtes Hakenkreuz-Tattoo, das angeblich aus seiner Jugend stammt, ließ sich der Musiker später entfernen. Sein peinlich gestelltes Sex-Tape mit Pamela Anderson erscheint dagegen komplett harmlos, sorgt an manchen Stellen sogar für unfreiwillige Lacher. Ob Tommy Lee darüber ebenfalls lachen kann, ist nicht bekannt.

Pamela Anderson scheint so oder so ein wunder Punkt bei Lee zu sein, denn 2007 geriet er mit deren späterem Ehemann Kid Rock aneinander und kloppte sich stilecht backstage bei den MTV Video Music Awards in Las Vegas. Ja, ja, bis einer heult. Kid Rock ist allerdings auch kein Waisenknabe, er feuerte einen unliebsamen Mitmenschen durch das Schaufenster einer Waffelbäckerei, wurde zigmal wegen Trunkenheit in der Öffentlichkeit einkassiert, beleidigte in Interviews Homosexuelle, verprügelte den DJ eines

Stripclubs und erschoss auf Großwildjagd einen unter Naturschutz stehenden Panther. Für eine richtige Ikone kommt Rock, der bürgerlich Robert James Richie heißt, allerdings ein paar Jahre zu spät. Allerdings hat der Sänger längst eine ganz andere Karriere im Blick: Trotz seiner Skandale möchte er unbedingt in die Fußstapfen von Donald Trump treten und Präsident der Vereinigten Staaten von Amerika werden. Eine erste Bewerbung auf den Senatorensitz von Michigan gab er im Jahr 2017 ab. Klingt auf den ersten Blick erstmal lächerlich, aber wer vor zehn Jahren von einem Präsidenten Trump gesprochen hat, wäre ebenso schief angeguckt worden. In diesem Land scheint wirklich nichts unmöglich. Mal gut, dass Ozzy Osbourne Brite ist.

VON FAHRRADKETTEN, 100-METER-BRÜSTEN UND BALKAN-KICKERN: BLAMABLE MOMENTE DER SPORTBERICHTERSTATTUNG

Grundsätzlich sollte man ja meinen, wer einen Moderatoren- oder Kommentatorenjob im Fernsehen bekommt, ist fachlich auf einem Top-Level und hat seine Muttersprache im Griff. Dass dies beileibe nicht immer der Fall ist, beweisen wöchentlich Sportmoderatoren und ihre weiblichen Kollegen. Und das schon seit vielen Jahrzehnten.

Der Urvater aller blamablen Sportkommentierungen stammt aus dem Mund von Hans Maegerlein, der 1911 geboren wurde und der von 1958 bis 1976 die Abteilung Sport beim Bayerischen Rundfunk, Abteilung Fernsehen leitete. Bei der Übertragung eines Skirennens im Rahmen der Winterolympiade 1964 – andere Quellen sprechen von 1959, was allerdings unwahrscheinlich erscheint – sagte der für seine blumige Wortwahl bekannte Maegerlein den legendären Satz: »Tausende standen an den Hängen und Pisten«. Stumm gelesen beinhaltet diese Formulierung kein blamables Potenzial, laut ausgesprochen sieht das schon anders aus. Maegerlein selbst erinnerte sich viele Jahrzehnte später an diesen Moment und gab an, er habe den Satz begonnen, als ihn sein Programmdirektor über Kopfhörer ansprach.

Hätte er die volle Konzentration behalten, wäre ihm, so Maegerlein, die Zweideutigkeit vielleicht noch aufgefallen, und er hätte den Satz abfangen können. Tatsache ist, dass er es nicht tat und sich mehrere Tausend Zuschauer beim Sender beschwerten. Allerdings sollen alle Zuschriften aus dem Norden und Westen der Republik gekommen sein. Ein echter Bayer wisse schließlich, was eine Piste ist.

Ebenfalls von Maegerlein stammte der Satz »Und nun wickeln die Damen ihre 100 Meter Brust ab«, der anlässlich eines Schwimmwettkampfes fiel, allerdings nicht ganz so populär wurde. Maegerlein, der 1998 von uns ging, hätte eigentlich als erster deutscher Quizmaster überhaupt in die Geschichte eingehen müssen. Denn er moderierte mit *Hätten Sie's gewusst?* ab 1958 das erste Format dieser Art im deutschen Fernsehen. Stattdessen machten ihn ein unaufmerksamer Augenblick und eine unglückliche Formulierung unsterblich.

Für immer unvergessen wird auch Carmen Thomas bleiben, die im Februar 1973 als erste Frau überhaupt das *ZDF Sportstudio* moderierte. Die gelernte Journalistin löste allein mit dieser Tatsache schon einen Sturm der Entrüstung aus. Der deutsche Mann wollte sich bei Bier und Kartoffelchips nicht von einer Frau erklären lassen, warum Bayern das Meisterschaftsrennen gegen Köln gewinnt, der Wuppertaler SV Kontakt zur Spitzengruppe hält oder Eintracht Braunschweig gemeinsam mit Rot-Weiß Oberhausen den bitteren Gang in die 2. Liga antreten muss (ja, 1973 ist in jeder Hinsicht lange her). Zudem hatte sich ein deutsches Boulevardblatt auf Thomas eingeschossen und ließ kein gutes Haar an der Dame. Unvergessen, wie die Moderatorin live am Samstagabend aus der bereits veröffentlichten Sonntagszeitung den Verriss ihrer gerade laufenden Sendung vorlas. Doch ein paar Monate nach dieser Aktion, die Thomas noch einiges an Respekt einbrachte, lieferte die Journalistin ihren Kritikern wahres Premiumfutter auf dem Silbertablett. Im Rahmen der Anmoderation eines Freundschaftsspiels rutschte ihr doch tatsächlich die Formulierung »Schalke 05 gegen … jetzt hab ich's vergessen …, Standard Lüttich« heraus. Die komplette Anmoderation war von Versprechern und Unsicherheiten geprägt, aber mit dieser Formulierung sorgte sie vor allem im Ruhrgebiet für ein mittelschweres Erdbeben. Frau Thomas, an diesem Tag in eine Bluse gewandet, die aussah, als wäre Kermit der Frosch auf einer Autobahn überfahren worden, hatte sich innerhalb von drei

Sekunden für immer blamiert. Auch der Versuch, ihren Fehler nach dem Einspieler wieder gerade zu rücken, indem sie mit einer Mischung aus offensiver Frechheit und Hilflosigkeit den Satz »Die ganz ernsthaften Fußballfans können jetzt wieder aus ihrer Ohnmacht erwachen« in die Kamera sprach, bevor sie ihr Missgeschick eingestand, ging nach hinten los.

Anders als die Legende es will, wurde Carmen Thomas nicht im Anschluss an diesen Versprecher entlassen, sondern moderierte das Sportstudio noch über ein Jahr lang. Ihr Ausstieg erfolgte auf eigenen Wunsch, da sie vom WDR einen Festvertrag angeboten bekommen hatte. Hier stieg sie bis zu ihrer Pensionierung 2006 zur Programmgruppenleiterin auf, sie schrieb einen Bestseller (das Sachbuch *Urin*) und leitet als Direktorin die 1. Moderations-Akademie für Medien + Wirtschaft Carmen Thomas. Geschäftlich geschadet hat ihr der Fauxpas also nicht unbedingt. Trotzdem wird man wahrscheinlich auch in 100 Jahren noch auf sie zu sprechen kommen, wenn es um das Thema »kompetente Moderatoren sprechen über Schalke 04« geht. Eine Blamage für die Ewigkeit.

Von denen hat unser liebster Weltfußballer überhaupt, die Rede ist von Lothar Herbert Matthäus, schon einige gesammelt. Ob in Interviews (gerne auch fremdsprachig), als »Star« seiner eigenen Reality Soap oder vor dem Traualtar, die Fettnäpfchen scheinen auf den ehemaligen Leitwolf der deutschen Nationalmannschaft nur so zu warten. Am 19. August 2017 fügte er seinem umfangreichen Schatz allerdings ein weiteres Bonmot hinzu, das fraglos die Zeiten überdauern wird. Denn in der Nachlese zum 3:1-Sieg seiner Bayern gegen Bayer Leverkusen schwadronierte der ehemalige Kicker über einen verschossenen Elfmeter, um dann höchst philosophisch hinzuzufügen: »Wäre, wäre, Fahrradkette. Oder so ähnlich.« Bei dem einen oder anderen Wortakrobaten (okay, nicht unbedingt im Bereich Sport) hätte man den letzten Satz vielleicht als ironische Brechung verstanden, als Hinweis auf eine absichtliche Verballhornung der Formulierung. Bei Loddar dürfte es eher die Verwunderung darüber gewesen sein, dass sich der Spruch gar nicht reimt. Aber da war es eh zu spät.

In den sozialen Netzwerken brach eine Welle der Häme los, nicht wenige stellten sich allerdings auch auf die Seite von Matthäus und feierten ihn für seinen kreativen Umgang mit der deutschen Sprache. Schließlich stammen von ihm auch Sätze wie »Ein Wort gab das andere – wir hatten uns nichts zu sagen«, »Das Chancenplus war ausgeglichen« oder »Wir dürfen jetzt nur nicht den Sand in den Kopf stecken«. Vielleicht war die Vielzahl der Beifallsbekundungen aber auch nur ein Zeichen dafür, dass man sich nur oft genug blamieren muss, bevor es zur Kunst erhoben wird.

Im Gegenzug ist der Fall natürlich umso schmerzhafter, wenn das Medium, in dem die Blamage passiert, um Seriosität bemüht ist. Das trifft wohl auf keinen Sender so zu wie auf die britische BBC. Das Schlachtschiff des Anstandes musste in der Vergangenheit jedoch auch die eine oder andere Blamage hinnehmen. Zum Beispiel in der Sendung *News at Ten*, in der die Moderatorin Sophie Raworth sich im Sommer 2017 gerade über das englische Kricket-Team ausließ, als hinter ihr die Sonne aufging. Genauer gesagt waren es zwei Sonnen. Durch eine Scheibe war das Großraumbüro der Redaktion zu sehen, ein ungünstig gedrehter Flachbildschirm präsentierte eine junge Dame, die gerade die Hüllen fallen ließ. Moderatorin Raworth bekam davon nichts mit, dafür ging es nach der Ausstrahlung der Sendung umso heftiger her. 3,8 Millionen Zuschauer hatten die blamable Panne verfolgt, der Sender entschuldigte sich bei seinen Zusehern und bei Raworth. Außerdem kündigten die Verantwortlichen der BBC an, den namentlich nicht genannten Redakteur, der sich den filmischen Höhepunkt im Büro angesehen hatte, zur Verantwortung zu ziehen. Was mit ihm geschah, wurde leider nie öffentlich gemacht.

Auch in Japan setzt man auf die Wahrung der makellosen Fassade, was allerdings nicht immer klappt. Während der Fußballweltmeisterschaft 2006 in Deutschland behauptete der Kommentator

Kiyoshi Inoue steif und fest, dass Dortmund früher zu Ostdeutschland gehört und der Rhein die innerdeutsche Grenze gebildet hätte. Auch auf die Rettungsversuche seines Co-Kommentators reagierte er nicht und dozierte weiter, zwischen Ost und West hätte es nur eine Brücke gegeben, nämlich die von Remagen. Aber die sei mittlerweile abgerissen. Na ja, wenigstens das stimmt irgendwie.

Der deutsche Kommentator Marcel Reif konnte zu seiner aktiven Zeit ebenfalls hervorragend dozieren, was ihm nicht nur Sympathien einbrachte. Er wirkte halt immer ein wenig altklug. Aber auch schon als junger Mann beherrschte er die Klaviatur der Blamage, als er während der Weltmeisterschaft 1990 das Kameruner Team mit den Worten »Lauft, meine kleinen schwarzen Freunde, lauft« anfeuerte. Sein Kollege Heribert Faßbender toppte in Sachen Verbalausfall aber wohl so ziemlich alles und

jeden. Von »Fußball ist inzwischen Nr.1 in Frankreich. Handball übrigens auch« über »Es steht im Augenblick 1:1, aber es hätte auch umgekehrt lauten können.« und »Die Polen darf man nicht unterschätzen. Diese Balkan-Kicker sind unberechenbar!« bis hin zum niemals vergessenen »Sie sollten das Spiel nicht zu früh abschalten. Es kann noch schlimmer werden.« könnte man mit den Ausrutschern des Herrn Faßbender ein eigenes Buch füllen. Aber das will ja auch niemand.

Und deshalb schließen wir dieses Kapitel mit einem jüngeren Kollegen, namentlich Thomas Helmer. Der ehemalige Kicker von Borussia Dortmund und Bayern München wechselte bekanntlich ins Moderatorenfach, wo er sich mittlerweile ganz ordentlich schlägt. Zu Beginn seiner zweiten Karriere musste er allerdings noch den Stichwortgeber in düsteren Zweitligastadien geben. Unter anderem auch im traditionsreichen, aber nicht selten auch recht trostlosen Ronhof in Fürth. Das Stadion hieß damals »Playmobil Stadion«, Sportkamerad Helmer wähnte sich vor laufender Kamera allerdings im »Playboy Stadion«. Da war dann wohl eher der Wunsch der Vater des Gedanken.

VON POMMESVERKÄUFERN IN UELZEN, WANDERNDEN BRÜCKENPFEILERN UND SATANISTISCHEN VAMPIREN IN POLEN: DIE BLAMABELSTEN VERSCHWÖRUNGS- THEORIEN VON GESTERN UND HEUTE

Aluhut auf, Wünschelrute ausgerichtet und die Glücksgummi-stiefel angezogen, wir begeben uns nun auf gefährliches Terrain. In den folgenden Zeilen haben Verschwörungstheoretiker jeglicher Couleur das Wort. Es dürfen Dinge behauptet werden, die nor-malerweise zu einer sofortigen Einweisung in eine geschlossene Anstalt und einer Entmündigung führen. Aber was soll's, ein biss-chen Spaß muss halt auch mal sein. Weiterlesen auf eigene Gefahr!

Das Lexikon lässt uns wissen, dass es Verschwörungstheorien wahrscheinlich schon immer gegeben hat, in größerer Häufung tauchen sie erstmals zu Zeiten der Französischen Revolution auf. Um das Jahr 1800 herum sind sich einige Leute sicher, alles Übel der Welt (adelige Herrscher, pöbelnde Bauern, schlechtes Wetter, Ehefrau hat Migräne etc.) den Illuminaten in die Schuhe schieben zu können. Der bayrische Orden ist da längst verboten, eine Ver-sammlung von Aufklärern, die Mündigkeit im eigenen Denken fordern, erscheint den säkularen und klerikalen Obrigkeiten doch zu suspekt. Die mystischen Kräfte, da sind sich Beobachter sicher, wirken allerdings im Untergrund weiter. Und das bis heute.

Blamable Verschwörungstheorien sind besonders haltbar, wenn Prominente darin verstrickt sind. Vornehmlich solche, die tot sind, denn die können sich nicht mehr so gut wehren. Als der King Elvis Presley 1977 vor einer Überdosis Erdnuss-Butter-Bananen-Sand-wich und dem einen oder anderen Medikament bedingungslos kapitulieren musste, hielt die Welt den Atem an. Einer der größten Musiker dieses Planeten hatte seine mittlerweile beachtlich zusammengeschrumpften Augen (das viele Fett drum herum) für immer geschlossen. Ein paar Jahre hielt es »Elvis, the Pelvis« unter der Erde aus, Ende der Achtziger wurde es ihm dann offensichtlich zu langweilig, und er kehrte zurück. Angeblich war eine Schlagzeile des Kasperblattes *Weekly World News* schuld daran, dass der »Elvis lebt«-Hype ins Rollen kam und bis heute nicht gestoppt werden konnte. Mal wird er in der Nähe seines Anwesens in Graceland erspäht, dann wieder in London, Berlin, Kapstadt oder in der Sahara. Überall sind übergewichtige Männer mit Koteletten so dick wie Kinderarme unterwegs. Ein Radiosender im Norden Deutschlands machte sich einen Spaß daraus und behauptete, Elvis würde mittlerweile in Uelzen wohnen und Pommes verkaufen. Wie viele selbst ernannte Geisterjäger sich auf den Weg nach Niedersachsen machten, wurde nie statistisch erfasst.

Dass Lady Di tot ist, bezweifelt hingegen kaum jemand. Schließlich starb die beliebteste Prinzessin seit Schneewittchen vor laufenden Kameras. Allerdings glauben viele bis heute nicht, dass ein betrunkener Chauffeur und ein Rudel durchgeknallter Fotografen auf Vespas für den Tod verantwortlich waren. Viel zu offensichtlich, viel zu billig. Ex-Ehemann Charles, die Queen, der britische Geheimdienst oder alle zusammen hatten da etwas ausgeheckt. Im Internet kursieren unzählige blamable Theorien, die nicht der Erwähnung wert sind. Da werden Brückenpfeiler vermessen, Aufschlagswinkel berechnet, die Luftfeuchtigkeit am Unfalltag in Relation mit dem Fahrtwind gesetzt und der Asphalt abgeleckt, bis irgendein Hirni zu dem Ergebnis kommt, dass es in diesem Tunnel überhaupt keinen tödlichen Unfall hätte geben können. Physikalisch unmöglich. Lady Spencer sollte nur unter einem Vorwand in einen präparierten Rettungswagen gelockt werden, dort wurde sie wahlweise erwürgt, mit Gift gerichtet oder so lange von einem Reporter der *Daily Mail* interviewt, bis sie freiwillig den Löffel abgab. So oder so schon ziemlich traurig. Doch obwohl sich der Unfall bereits 1997 ereignete, lassen die Hyänen der vornehmlich britischen Presse bis heute nicht von ihrer Trophäe ab. Dianas Geist spukt weiter durch Großbritannien, im wahrsten Sinne des Wortes. So behaupten verschiedene Zeitungen immer wieder, Lady Di wäre einem ihrer Söhne erschienen und würde ihm Ratschläge erteilen. »Heirate das Flittchen nicht«, »Zieh dich warm an«, »Hast du genug zu essen im Haus?« und »Warum rufst du mich eigentlich nie an?«, dürften zu den Standardtipps der Untoten gehören. Auf der anderen Seite ist Frau Spencer aber auch selber schuld, meinen wieder andere Theoretiker. Denn hätte sie ein bestimmtes Album der Band The Smiths gehört (*The Queen Is Dead*), hätte sie ihren Tod auf den Tag, ach was, auf die Minute vorhersehen können. Wollte sie anscheinend nicht. Und auch der Unfalltod der US-Schauspielerin Jayne Mansfield hätte die Briten stutzig werden lassen müssen. Sagen zumindest Verschwörungstheoretiker. Denn Mansfield starb 1967 bei einem Autounfall, ebenso wie ihr Chauffeur und ihr Lebensgefährte. Klar, die Frauen hatten bei ihrem Tod nicht das gleiche Alter, sie übten nicht den gleichen Beruf aus, und die Unfälle fanden auf unterschiedlichen Kontinenten in verschiedenen Monaten um drei Jahrzehnte versetzt statt. Aber hey, beide waren blond! Das muss doch was zu bedeuten haben ...

Ein ebenfalls nicht versiegen wollender Quell verschwörungstheoretischer Freuden ist der ehemalige Terrorist Osama Bin Laden. Unsere Nachrichtenportale erzählten uns die Geschichte in etwa so: Bin Laden ist der Spross einer wohlhabenden saudischen Familie, radikalisiert sich und greift in den 80er-Jahren des letzten Jahrhunderts aktiv ins Geschehen ein, erklärt allen Nichtgläubigen den Krieg, kämpft sich in der Hierarchie der islamistischen Terrornetzwerke ganz nach oben, organisiert diverse Anschläge, darunter auch den am 11. September 2001, taucht anschließend für Jahre unter, wird 2011 in Pakistan von US-Truppen aufgespürt, erschossen und im Meer verklappt. Aber das ist natürlich alles hochgradiger Kuhmist. Unabhängige Experten, die erstaunlicherweise noch nicht in Yale, Oxford oder Stanford lehren, sondern ihre Erkenntnisse ausschließlich in Internetforen publizieren, haben da ganz andere Dinge herausgefunden. Bin Laden existierte gar nicht. Das war ein Schauspieler mit angeklebtem Fusselbart, der für die USA den Antagonisten gegeben hat. Sollte der Mann doch echt gewesen sein, war er nie Saudi, sondern Iraner, Russe, Amerikaner, Finne oder ein Alien (frei nach Geschmack bitte selber raussuchen). Auch hat er das Attentat auf das World Trade Center und das Pentagon nicht geplant, das waren die Iraner, Russen, Amerikaner usw. Und wer glaubt, dass der Terrorfürst tatsächlich tot ist, hat sich ebenso geschnitten. Er lebt in der Villa eines exzentrischen Briten mitten in den USA in Saus und Braus. Ein anderer Spezialist will allen Ernstes herausgefunden haben, dass Bin Laden bei seinem angeblichen Widersacher George W. Bush Unterschlupf gefunden hat. Abends trinken sie gemütlich Bourbon aus Kentucky und gucken Football. Sollte Bin Laden allen Unwahrscheinlichkeiten zum Trotz doch irgendwie tot sein, liegt er nicht auf dem Grund des Meeres, sondern in einem streng geheimen Kühlkomplex in den USA, wo er nach Bedarf immer mal wieder aus dem Schrank gezogen wird, um Experimente an ihm zu vollführen. Wahrscheinlich befindet sich dieser Kühlkomplex auf dem Gelände der Area 51 zu Roswell, wo seit 1947 unablässig an einem abgestürzten Ufo und toten, fischgesichtigen Außerirdischen herumgedoktert wird. Vielleicht soll der Terrorist ja mit dem Kapitän des intergalaktischen Paddelbootes gekreuzt werden, um demnächst das Doppelsternensystem Alpha Centauri anzugreifen?

Ein anderer Mann müsste hingegen schon lange von der Bildfläche verschwunden sein. Aber das zähe Luder will einfach nicht die Biege machen. Und das obwohl unzählige Hobbywissenschaftler sein Ableben zweifelsfrei nachgewiesen haben. Paul McCartney starb nämlich an einem Novembermorgen um 5 Uhr früh im Jahr 1966 bei einem Autounfall, als er sich nach einer schicken Politesse umdrehte. Sein Wagen ging in Flammen auf, der Beatle verbrannte bis zur Unkenntlichkeit. Warum er über ein halbes Jahrhundert immer noch durch die Gegend springt, ist unerklärlich. Am Autounfall kann es nicht gelegen haben, den gab es wirklich. Schließlich hatten die Beatles in den verbleibenden Jahren ihrer Karriere nichts Besseres zu tun, als ihre Songs und Cover mit kaum verschlüsselten Hinweisen auf diese Tatsache zuzupflastern. Okay, in der realen Welt hat der olle Paule mittlerweile fast alle anderen Band-Mitglieder überlebt, was aber nichts daran ändert, dass die Verschwörungstheorie »Paul is dead« bis heute durch die Gazetten geistert. Beginnen wir bei den Hinweisen, die vor allem John Lennon initiiert haben soll, bei den Alben *Yesterday And Today* (nur in den USA veröffentlicht) und *Revolver*. Beide Scheiben erschienen im Sommer 1966, also Monate vor dem vermeintlichen Unglück. Trotzdem enthalten sie schon Hinweise auf McCartneys Crash. Auf dem originalen und sehr schnell wieder zurückgezogenen Cover von *Yesterday And Today*, auf dem die Beatles mit blutigen Fleischstücken und kaputten Spielzeugpuppen behängt wurden, markieren die Schweinereste bei Paul die Körperstellen, die beim Unfall in ein paar Monaten verletzt werden. Auf *Revolver* blickt McCartney mit seinen traurigen Basset-Hound-Augen ins Leere, was nichts anderes bedeutet, als dass er demnächst in einer anderen Welt existieren wird. Außerdem kommt ihm auf dem Bild ein kleines Männchen aus dem Ohr, das den Fans zu sagen scheint: »Hört genau auf die Texte der folgenden Alben, wir bauen Pauls Tod immer wieder ein.« Was dann natürlich auch geschieht, alles voll mit Andeutungen. Allerdings: Wer das unbedingt will, kann die identischen »Hinweise« auch in Texten von Cher, Pink, Frank Sinatra oder den Flippers heraushören, überhaupt kein Problem. Vor allem, wenn man sie rückwärts abspielt. Da wird sogar der Teufel höchst persönlich rot. Deshalb bleiben wir lieber bei den Bildern, auf dem wuseligen Cover von *Sgt. Pepper's Lonely Hearts Club Band* aus dem Jahr 1967 haben Hobby-Sherlocks locker 20 Beweise dafür gefunden, dass Paul längst unter der Erde liegt und auf Anraten des geldgierigen Managements durch einen Doppelgänger ersetzt wurde. Sei es das Englischhorn, das McCartney in der Hand hält (Symbol für Tod), die Binde mit der Abkürzung O.P.D. (Officially Pronounced Dead, also: Offiziell für tot erklärt), die sich später als Binde einer kanadischen Polizeieinheit O.P.P. herausstellte, bis hin zu geheimnisvollen Buchstaben und Zahlen auf dem Cover, die gespiegelt (nur bei Vollmond und mit einer schwarzen Katze auf der Schulter) den Hinweis ergeben, dass es nur noch drei Beatles gibt.

So ging das in den folgenden Jahren munter weiter, Verschwörungstheoretiker glaubten die Telefonnummer des Doppelgängers auf einem Cover entdeckt zu haben, eine ausgeblasene Kerze oder Lennons drei abgespreizte Finger wiesen immer wieder auf McCartneys Tod hin. Den Höhepunkt fand das lächerliche Theater dann auf dem Cover von *Abbey Road* (1969), wo der endgültige Beweis erbracht wurde. Nämlich der, dass die »Paul is dead«-Fanatiker allesamt einen an der Murmel hatten und haben. Vier Beatles latschen über einen Zebrastreifen, und in den 1-Zimmer-Appartements der Irren bricht die Hölle los. Das Kennzeichen LMW 281 F eines zufällig im Bild befindlichen Volkswagen wird seziert, und die ersten drei Buchstaben werden mit viel Fantasie (und ein bisschen Wahnsinn) zum Statement »Linda weint« beziehungsweise »Linda Witwe« umgedeutet. Schade nur, dass Paul seine spätere Ehefrau Linda erst 1967 in einem Londoner Club kennenlernte, also ein Jahr nach seinem schrecklichen Unfalltod. Aus »281 F« wird »28 If«, McCartney wäre laut einiger Mathegenies also 28, wenn er nicht gestorben wäre. Auch wieder falsch, denn Paule war zu diesem Zeitpunkt 27 Jahre alt. Aber diese und andere Fehler können die Fans der These bis heute nicht davon abhalten, fest an sie zu glauben. Warum auch nicht, das Todesopfer selbst hat sich längst mit der Geschichte abgefunden, die ursprünglich übrigens mal von zwei Studenten aus Langeweile initiiert wurde. Manchmal mietet er sich unter dem Namen seines angeblichen kanadischen

Doppelgängers (je nach Theorie William Campbell oder William Shears) in Hotelzimmer ein, 1993 veröffentlicht er das Album *Paul Is Live*. Und ansonsten macht er sich mit der knapp einen Milliarde, die er als Sänger, Komponist und Texter in seinem Leben verdient haben soll (Spenden, Unterhalt und Privathaftpflicht sind da schon abgezogen), ein laues Leben. Sollen ihn ein paar Freaks ruhig für tot halten, der vegane Kaviar schmeckt auch so.

Am Ende ist es aber ganz egal, ob ein US-Milliardär heimlich die Griechenland-Krise ausgelöst hat, um die EU zu Fall zu bringen, Agrarkonzerne mittels Flugzeugen Gift versprühen (Chemtrails), um den kleinen Bauern endgültig in die Knie zu zwingen, die Taliban den über dem Indischen Ozean verschwundenen Airbus MH 370 in irgendeinem Schuppen in Pakistan verstecken oder die Amis ihre Mondlandungen in einem Studio in Hollywood dilettantisch vorgetäuscht haben – am Ende darf ja ein jeder glauben, was er oder sie mag. Alle anderen dürfen sich im Gegenzug aber auch darüber lustig machen. Und falls sich nun jemand fragt, warum John F. Kennedy bisher noch nicht in diesem Text erwähnt wurde: der gute Mann sitzt als mittlerweile über 100-jähriger Pensionär gemeinsam mit Elvis und Lady Di in Paul McCartneys unterirdischen Bunkeranlagen, um der Legende vom »Schwarzen Wolga« auf die Spur zu kommen. Einer Theorie zufolge fährt nämlich ein Auto der Marke Wolga seit Jahrzehnten durch die Straßen Polens, um Kinder zu entführen und ihnen das gesamte Blut abzunehmen. Dieses wird dann an sterbenskranke, schwerreiche Deutsche verkauft. Im Auto sollen Satanisten, Priester, Vampire und Juden in trauter Einigkeit sitzen, um ihr schaurig Tagwerk zu verrichten. Ob der Rapper Tupac Shakur davon wusste und deshalb sterben musste? Was sagen die Freimaurer dazu? Wir normalen Menschen werden es wohl nie erfahren.

VON BRENNENDEN PENISSEN, TIERISCHEN REIFENPANNEN UND ABGESCHLAGENEN KÖPFEN: DIE PEINLICHSTEN BEZEICHNUNGEN FÜR AUTOMODELLE

Ist Ihnen schon mal aufgefallen, dass die gleichen Autos einer Firma in verschiedenen Ländern unter verschiedenen Namen verkauft werden? Nein? Dann schlafen Sie weiter, oder lesen Sie den folgenden Text, damit Sie verstehen, warum es durchaus Sinn ergibt, sich den einen oder anderen Gedanken zu Bezeichnungen zu machen, die für unsere deutschen Ohren völlig normal und unverfänglich klingen.

Der Mitsubishi Pajero ist so ein Beispiel. Dieser Geländewagen, der gerne von Kosmetikerinnen gefahren wird, die auf dem Weg in ihr Studio den Grand Canyon oder zumindest den Harz passieren müssen, wurde von 1982 bis 2018 gebaut und wurde sogar als Cabriolet angeboten. Wenn das mal nicht nach richtigem Outdoor-Spaß klingt. Doch wenden wir uns von der Karosserie ab und dem Namen zu, der vom südamerikanischen Leopardus pajeros abgeleitet wurde. Die Eleganz und Kraft einer Raubkatze sollten hier die Assoziationen sein, auch wenn besagtes Tier auf Fotos eher aussieht, als hätte ein übergewichtiger Hauskater mit einem Luchs gepimpert. Geschenkt, denn interessant ist der Name Pajero, was im Spanischen so viel wie »Wichser« heißt. »Hey Mama, guck mal. Da kommt dein neuer Macker in seinem schwarzen Wichser an.« Das klingt natürlich nicht, deshalb bekam der schnuckelige Wagen in Ländern mit dieser Landessprache einen anderen Namen. Sollten Sie mit Ihrem Pajero mal nach Spanien gondeln, sollten Sie vorher also vielleicht lieber die Typbezeichnung abschrauben.

Ein ähnliches Problem hatte Toyota mit seinem Sportwagen MR2. Sieht eigentlich erst mal unverfänglich aus, kann aber zum Bumerang werden, wenn sie nach Frankreich fahren. Hier liest man das Kürzel in Lautschrift ungefähr mördöö (das affektiv nasale Getue bitte selber dazudenken). Und das erinnert an das französische Wort »merde«, was nichts anderes als »Scheiße« bedeutet. Die Japaner von Toyota hatten aber keine Lust, sich einen neuen Namen für die doofen Franzosen auszudenken, also strichen sie für diesen Markt einfach die »2« aus dem Namen. Jetzt heißt die Karre dort eben »Mör«. Wem's gefällt.

Zwischen 1970 und 1980 produzierte Ford den durchaus chic anzusehenden Kleinwagen Pinto, der sich anfangs auch richtig gut verkaufte. Allerdings stellte sich schnell heraus, dass die Konstruktion ihre Tücken hatte, bei Auffahrunfällen barst der Tank, Benzin trat aus. Nach mehreren tödlichen Unfällen, bei denen Menschen in ihren Pintos verbrannten, reagierte Ford einfach mal gar nicht und ließ den rollenden Sarg weiterbauen. Erst als mehr als 60 Todesfälle und sehr viele Schwerverletzte zu beklagen waren, verschwand der Pinto von der Bildfläche. In portugiesisch sprechenden Ländern war die Möhre eh nicht sonderlich beliebt, denn übersetzt hieß der Wagen dort Ford Pimmel, was eigentlich gar nicht mal schlecht zu der langgezogenen Front passte. So oder so, das Auto war unter dem Strich ein ziemlicher Reinfall.

Als VW den Vento 1992 als Nachfolger des Jetta präsentierte, ging der Blutdruck der Autoliebhaber nicht unbedingt durch die Decke. Die Karre, die bis 1998 gebaut wurde, war halt ein zweckdienliches Auto und schaukelte auch den Verfasser dieser Zeilen zu der einen oder anderen Lesung. Noch danke dafür! VW benennt seine Autos gerne nach Winden, siehe Passat oder Golf, also entschied man sich für das italienische Wort für Wind, eben Vento. Dabei vergaßen die Marketingstrategen aus Wolfsburg allerdings, dass Vento umgangssprachlich auch das Wort für Furz ist, was die Käuferschicht in Italien abschreckte. In ganz Europa konnte dieses Blech gewordene Muli nicht so recht punkten, dafür lief es in den USA sehr gut. Dort allerdings unter dem alten Namen Jetta. Schade eigentlich, denn viele italienischstämmige Mafiosi von drüben hätten sich sicher einen großen Spaß daraus gemacht, ihre Feinde eine Runde im »Furz« drehen zu lassen, bevor sie mit Betonschuhen im Hafenbecken landen.

Doch lassen wir die Benzinkutschen für den Pöbel beiseite und schauen uns mal im Luxussegment um. Da sticht der Lamborghini Reventón hervor, ein Geschoss mit 650 PS. Die Karosserie wurde der Optik eines Kampfjets nachempfunden, der Nettopreis betrug exakt eine Million Euro. Mit anderen Worten: Es ist das perfekte Auto für die Ribérys, Schweigers und Kanye Wests dieser Welt. Allerdings wurden von dem italienischen Leckerli nur 22 Exemplare gebaut, 20 gingen in den Verkauf. Ob sich unter den wenigen Auserwählten auch ein Spanier befand ist nicht bekannt. Wenn, dann musste er wahrscheinlich laut lachen, denn Reventón bedeutet auf spanisch Reifenpanne. Die Macher dachten eher an einen berühmten Kampfstier gleichen Namens, der 1943 irgendeinen Matador filetierte. Aber mal ganz im Ernst: Wer nennt denn einen Stier »Reifenpanne«?

Der Buick LaCrosse, eine dezent schnarchig aussehende Limousine, rollt in erster Linie in Nordamerika über die Straßen. Allerdings nicht in Kanada, denn dort würde die Mühle unter dem Namen Buick Masturbation wahrscheinlich wenig Kunden anlocken. Audi wiederum blieb im hohen Norden Amerikas bei seiner Typenbezeichnung TT Coupé, was lautmalerisch so viel wie »abgeschnittener Kopf« bedeutet. Vielleicht kann man damit ja bei den Horrorfilmfans punkten. Der in Deutschland unter dem Namen Étron laufende Wagen der Ingolstädter wird in Portugal und Spanien kaum Punkte machen, es sei denn, die Menschen da unten fahren gerne mit einem »Audi Kot« durch die Gegend. Der koreanische Autohersteller Hyundai wiederum musste an gleicher Stelle seinen Cuna umbenennen, weil sich niemand in ein weibliches Geschlechtsteil setzt. Also, zumindest nicht so. Und Mazdas La Puta (die Hure) dürfte auch nur in gewissen Milieus auf Zustimmung stoßen. In Finnland setzt sich hingegen niemand in einen Fiat Uno, weil er dann ein Trottel-Fahrer wäre. Wobei, da leben so wenige Menschen, wahrscheinlich würde es niemandem auffallen. Und Elche können nicht lesen.

In Deutschland stehen wir eigentlich ganz gut da, wenn es um die Namen von Autos geht. Es gibt keinen Rover Kotz und keinen Chevrolet Arsch. Allerdings ist Mitsubishi dabei, einen Elektro-Kleinstwagen auf den Markt zu bringen, der optisch eigentlich nichts anderes als ein überdachtes Quad ist. Der Name des umweltfreundlichen Zwerges? i Miev. Sollte man für den deutschen Markt vielleicht noch mal überdenken.

VON JIMI, BLUE UND OCHSENKNECHT:
DER BLAMABELSTE SCHLUSSAKT

Im Jahr 2012 nahm Jimi Blue Ochsenknechts Halbbruder, Name der Redaktion entfallen, am Dschungelcamp von RTL teil. Weil sich der gute Mann nicht so präsentierte, wie sich das sein Halbbruder Jimi (laut Wikipedia-Eintrag Schauspieler und Pop-Rapper, schau an) so vorgestellt hatte, stellte er bei Twitter folgenden Satz ein: »Dschungelcamp, was für eine Blamierung für die Family.« Und mehr muss man dazu auch echt nicht mehr sagen.

IMMER DIESE BEAMTEN

111 GRÜNDE, WARUM DIE STAATSDIENER
UNS IN DEN WAHNSINN TREIBEN

IMMER DIESE BEAMTEN
111 GRÜNDE, WARUM DIE STAATSDIENER
UNS IN DEN WAHNSINN TREIBEN
Von Till Burgwächter
288 Seiten, Taschenbuch
ISBN 978-3-942665-44-5 | Preis 9,99 €

Wo Formulare als Gottheit angepriesen werden, wo Gesetzestexte den gesunden Menschenverstand ersetzen, dort spielt dieses Buch. Wo die Bittsteller nur nach außen hin »Kunden« genannt werden und eine Wartemarke ziehen müssen, wo es auf den Fluren nach dünnem Kaffee und Reinigungsmitteln duftet, wo Mittzwanziger in Pullundern nicht ausgelacht werden, dort ist er zu Hause. Der Berufsbeamte in all seiner Pracht, mit seinem Archiv voller Akten, mit seiner Unkündbarkeit, seiner Amtsverschwiegenheit und seiner ständigen Dienstbereitschaft, seiner vom Bürolicht gräulich verfärbten Hautfarbe und seiner Urkunde für 25 Jahre treue Dienste an der Wand – ihm soll dieses Buch gewidmet sein.

Auf dass sich die Menschheit auch in 100 Jahren noch über diese besondere Berufsgruppe echauffieren kann.

111 GRÜNDE, NACHBARN ZU HASSEN

111 GRÜNDE, NACHBARN ZU HASSEN
DIE LEUTE VON NEBENAN, SO WIE SIE WIRKLICH SIND
Von Till Burgwächter
232 Seiten, Taschenbuch
ISBN 978-3-86265-647-9 | Preis 9,99 €

Sie sind laut, sie riechen, sie haben ungezogenen Nachwuchs, sie sind faul, sie gehen sonntags nicht in die Kirche, und sie halten sich exotische Tiere, die schrille Laute von sich geben: Nachbarn.

Schon im Neandertal kreiste die Keule, wenn in der Höhle nebenan mal wieder die Hölle los war und Papa am nächsten Tag früh zur Mammutjagd musste. Die Keulen sind mittlerweile eingemottet (gilt zumindest für die meisten Fälle), aber sonst hat sich rein gar nichts verändert.

111 GRÜNDE, NACHBARN ZU HASSEN ist ein großer Lesespaß für all die Menschen, die ganz woanders wohnen oder so schwerhörig und kurzsichtig sind, dass sie die Verrückten aus dem zweiten Stock oder auf der anderen Seite des Sichtschutzzauns nur schemenhaft wahrnehmen. Und das ist in diesem Fall ein wahrer Segen.

HAARSTRÄUBEND!

SCHIEFE PONYS, GRÜNE HAARE, SCHREIENDE KINDER UND STUMPFE SCHEREN:
DER WAHNSINN IN DEUTSCHEN UND INTERNATIONALEN FRISEURSALONS

HAARSTRÄUBEND!
KLATSCH, TRATSCH UND STRÄHNCHEN –
GESCHICHTEN AUS DEM FRISEURSALON
Von Till Burgwächter
ca. 288 Seiten | Taschenbuch
ISBN 978-3-86265-598-4 | Preis 9,99 €

Wo in fönwarmer Luft die Deckhaare rieseln, da ist der menschliche Wahnsinn zu Hause. Oder zumindest der Humor. In diesem Buch versammeln sich Fakten, Anekdoten und unglaubliche Tatsachenberichte zu einem sanften Tönungsbalsam, der sich nie wieder rauswaschen lässt. HAARSTRÄUBEND! erzählt die wundervollsten, skurrilsten und unglaublichsten Märchen aus tausendundeiner Dauerwellenbehandlung nach, lässt Friseurinnen und Friseure zu Wort kommen und besucht sogar Gerichtssäle, um über die schlimmsten Pannen und ihre Folgen zu berichten.

Begeben Sie sich auf eine Reise voll unerwarteter Wirbel, haltloser Pferdeschwänze und verrutschter Fönwellen, an deren Ende Sie alles über Haare, Frisuren und die damit verbundenen Katastrophen wissen. Inklusive einer kleinen Kulturgeschichte der Haarpflege und mit einem Frisuren-Quiz.

111 GRÜNDE, BIER ZU LIEBEN

DAS PRICKELNDE NACHSCHLAGEWERK FÜR BIERTRINKER, -BRAUER UND -LIEBHABER,
DIE SCHON IMMER WISSEN WOLLTEN, WO IHR LIEBLINGSGETRÄNK HERKOMMT

111 GRÜNDE, BIER ZU LIEBEN
DAS BUCH GEGEN DEN DURST
ERWEITERTE NEUAUSGABE MIT ELF BONUSGRÜNDEN!
Von Marc Halupczok
256 Seiten, Premium-Paperback
ISBN 978-3-86265-812-1 | Preis 12,99 €

»Das Heineken unter den Bierbüchern. Beziehungsweise ein paar Kästen Heineken. Jeder der 111 Gründe ist dann eine Flasche – schnell getrunken, leicht, bekömmlich. Der Leser lernt in verschiedenen Kategorien so Einiges über sein Lieblingsgetränk.«
sleazemag.de

»Das Buch beleuchtet die Geschichte des Bieres, taucht tief in die Braukessel kleiner und großer Brauereien ab, spioniert hinter den Theken der letzten originalen Eckkneipen dieser Nation, jagt dem Freibier nach, wirft sich todesmutig in den Glaubenskampf zwischen Anhängern von grünen und braunen Flaschen, wartet in überfüllten Biergärten ewig auf seine Bestellung, klärt endgültig, ob das ›Pupasch‹ etwas Unanständiges ist, und nascht am Treber ausländischer Braumanufakturen.«
Thüringen Kulturspiegel

HOW TO SURVIVE SCHEISSJOBS

PROVOKANTE STRATEGIEN UND KREATIVE ÜBERLEBENSTIPPS
UM (FAST) ALLE SCHEISSJOBS ZU ÜBERSTEHEN

HOW TO SURVIVE SCHEISSJOBS
WIE MAN DIE MIESESTEN JOBS ÜBERLEBT UND
DEN TRAUMBERUF FINDET
Mit Illustrationen von Jana Moskito
Von Ralph Stieber
392 Seiten | Taschenbuch
ISBN 978-3-86265-601-1 | Preis 9,99 €

Ob Schulabgänger, Student, Arbeiter oder Arbeitsuchender: Dieses Handbuch bietet ungewöhnliche Überlebensstrategien, um den Scheißjob möglichst unbeschadet zu überleben und um endlich den Traumjob zu finden.

Du denkst, du bist echt übel dran mit deinem Job? Dann warte mal ab, bis du die beschissensten Jobs der Welt kennenlernst. Spätestens dann wirst du zugeben, dass dein Job nicht annähernd so beschissen ist.

Ralph Stieber berichtet von den alltäglichen Scheißjobs und wie du sie überlebst – möglichst unbeschadet, möglichst ungewöhnlich und möglichst unkonventionell. Und schließlich führt die Reise zu den vielleicht coolsten Jobs der Welt: außergewöhnlichen, spannenden und wirklich coolen Jobs – wahren Traumjobs eben. Ein ungewöhnlicher, unterhaltsamer und unkonventioneller Leitfaden mit vielen Anregungen und Ideen.

TILL BURGWÄCHTER, geboren 1975, ergriff eine Reihe von blamablen Berufen, bevor er sich dem Schreiben widmete. Seitdem entstehen in schöner Regelmäßigkeit Bücher wie »Haarsträubend«, »111 Gründe, Nachbarn zu hassen« oder »Immer diese Beamten«. Außerdem veröffentlicht der bekennende Braunschweiger Artikel in diversen Zeitungen und Magazinen und geht regelmäßig auf Lesereise.

Till Burgwächter
VOLL DIE BLAMAGE
Promis, Politiker, Phantasten, Privatmenschen und
andere Primaten: Ein Sammelsurium unglaublicher
Peinlichkeiten zum Kopfschütteln und Fremdschämen
Mit Illustrationen von Jana Moskito

ISBN 978-3-86265-751-3
© Schwarzkopf & Schwarzkopf Verlag GmbH, Berlin 2019
Vermittelt durch die Literaturagentur Brinkmann, München | Alle Rechte vorbehalten. Dieses Werk ist urheberrechtlich geschützt. Jede Verwendung, die über den Rahmen des Zitatrechtes bei korrekter und vollständiger Quellenangabe hinausgeht, ist honorarpflichtig und bedarf der schriftlichen Genehmigung des Verlages. | Zeichnungen: Jana Moskito | Coverfoto: © damedeeso/depositphotos.com

VERLAG
Schwarzkopf & Schwarzkopf Verlag GmbH
Kastanienallee 32, 10435 Berlin
Telefon: 030 – 44 33 63 00
Fax: 030 – 44 33 63 044

INTERNET | E-MAIL
www.schwarzkopf-schwarzkopf.de
www.facebook.com/schwarzkopfverlag
info@schwarzkopf-schwarzkopf.de